D1692121

Mathias Balzer
«Auf der Suche nach der einfachen Wahrheit»

Claudia Klausner

Bündner Kunstmuseum Chur

Diese Publikation erscheint zum Anlass der Ausstellung
Mathias Balzer. Retrospektive
im Bündner Kunstmuseum, Chur, 4. Oktober bis
16. November 2003

Konzeption und Organisation:
Claudia Klausner, Beat Stutzer
Ausstellungsaufbau: Stephan Schenk, Duri Salis

Redaktion:
Claudia Klausner, Beat Stutzer
Gestaltung und Satz: Oliver Mayer, Nose Applied Intelligence
Lithos: nievergelt.pps ag, Zürich
Druck: Engadin Press, Samedan
Ausrüstung: Buchbinderei Burckhardt, Mönchaltorf

Fotonachweis:
alle Werkaufnahmen Bündner Kunstmuseum, Chur (Stephan Schenk)
ausser: Abb. 37, 38, 39: Daniel Rohner, Chur
Portraitaufnahme des Künstlers (S. 13): Loretta Curschellas, Zürich

© 2003 Bündner Kunstmuseum, Chur,
Claudia Klausner (Text), Mathias Balzer (Bilder)

ISBN 3-905240-44-0

Inhaltsverzeichnis

Vorwort
Beat Stutzer, Direktor Bündner Kunstmuseum
Seite 4

«Ins Innere der Natur vordringen»
Einführung
Seite 6

Wege der Selbstfindung
Seite 24

Einkehr der Ruhe
Seite 58

Leben und Tod als Grenzsituationen
menschlichen Daseins
Seite 74

Auf der Suche nach der
einfachen Wahrheit
Seite 116

Späte Arbeiten
Seite 146

Anhang
Abbildungsverzeichnis, Biografie, Bibliografie
Seite 166

Vorwort

Mitunter dauert es seine Zeit, bis sich Segmente zum Kreis schliessen. Als ich mich im Hinblick auf meine neue Tätigkeit am Bündner Kunstmuseum vor über zwanzig Jahren in Basel über die aktuelle Kunst aus Graubünden kundig machen wollte, stiess ich in den «Kunstnachrichten» auf den Aufsatz «Die Dinge, die uns angehen». Gerolf Fritsch schrieb über «Konfiguration und Wunschproduktion am Beispiel Mathias Balzers». Der anregende, philosophisch fundierte Text und darin das vorgestellte, mir bislang unbekannte Schaffen des Künstlers faszinierten und beeindruckten mich damals zutiefst. Abgesehen von regelmässigen Teilnahmen an den Jahresausstellungen der Bündner KünstlerInnen ist es – mit Ausnahme der kleineren Ausstellung «Clair-Obscur» im Jahre 1992 – bisher leider nie zu einer umfassenden Ausstellung von Mathias Balzer gekommen. Mit einer profunden Retrospektive soll dies nun endlich und umso nachhaltiger nachgeholt werden.

Seit den sechziger Jahren arbeitet Mathias Balzer in Haldenstein oder in Schmitten beharrlich an einem malerischen, zeichnerischen und druckgrafischen Werk, das mittlerweile beeindruckend umfangreich ist. Die Ausstellung zeigt Balzers Schaffen zum allerersten Mal im Überblick. Es werden die frühen Arbeiten wie «Archäologie der Dinge» ebenso gezeigt wie die späteren Berg-, Wolken- und Nebellandschaften. Neben Balzers Auseinandersetzung mit der sichtbaren Natur stellt sie auch sein figürliches Werk vor, in welchem der Künstler die Fragen nach den Bestimmungen menschlichen Daseins auszuloten versucht. Gleichzeitig schliesst sich ein zweiter Kreis: Für Claudia Klausner fiel vor einigen Jahren die Begegnung mit dem in der Sammlung des Bündner Kunstmuseums ausgestellten Gemälde «Memento homo» derart berührend aus, dass sie dieses Erlebnis zu einer vertieften Beschäftigung mit dem Œuvre von Mathias Balzer bewog. Die daraufhin in Angriff genommene und im Sommer 1999 an der Universität Basel eingereichte Lizentiatsarbeit bildet die Grundlage für die nun vorliegende Monografie, welche gleichzeitig zur Retrospektive Mathias Balzer erscheint und das Schaffen des Künstlers dokumentiert, kompetent vorstellt und anschaulich vermittelt. Bezeichnenderweise fügt Claudia Klausner dem Titel «Mathias Balzer» das Zitat «Auf der Suche nach der einfachen Wahrheit» hinzu. Zwar orientiert sich der Text ganz am Werk von Mathias Balzer: Die Autorin gliedert das Schaffen Balzers in vier thematische Werkgruppen. Die zwar unterschiedlichen, aber stets intensiven Auseinandersetzungen mit fundamentalen existenziellen Situationen werden präzis analysiert und interpretiert. Gleichzeitig handelt es sich aber auch um eine geradezu exemplarische Untersuchung, welche weite Bereiche der Kunst der siebziger und achtziger Jahre des letzten Jahrhunderts und die so genannte «Neue Innerlichkeit» mit einbezieht.

Die gründliche Auseinandersetzung der Autorin mit dem Werk Mathias Balzers basiert nicht nur auf prägnanten, ja exzellenten Bildbeschreibungen und eindringlichen Erkenntnissen. Darüber hinaus orientiert sie sich stets auch an einem übergeordneten kulturgeschichtlichen Kontext:

So schliessen die vielschichtigen Bezüge beispielsweise zu Dante Alighieri, Carl Gustav Jung oder zur frühchristlichen Kultur manche inspirierende Einblicke ein, die erheblich über das Schaffen Balzers hinausweisen.

Unser Dank richtet sich in allererster Linie an die Autorin, Claudia Klausner, der wir nicht nur die Mathias Balzer-Monografie verdanken, sondern die zusammen mit dem Künstler ebenso engagiert das Konzept für die Ausstellung entworfen hat. Sehr zu danken haben wir auch Mathias Balzer für seinen enormen Einsatz und seine unermüdliche Bereitschaft, unseren Anliegen und Wünschen nachzukommen. Oliver Mayer, Zürich, hat Bild und Text in eine vorbildliche Buchgestaltung umgesetzt: Die Zusammenarbeit mit ihm war eine denkbar kooperative und speditive, wofür wir uns bedanken möchten. Nicht zuletzt danken wir für die Förderung und finanzielle Unterstützung von Monografie und Ausstellung den folgenden Institutionen bestens. Ohne ihr verständnisvolles Engagement hätte ein derart ambitiöses Projekt nicht realisiert werden können: ArsRhenia, Stiftung zur überregionalen Förderung für Kunst und Kultur, Stadt Chur, Bürgergemeinde Haldenstein, Gemeinde Haldenstein, Graubündner Kantonalbank, Gemeinde Schmitten, Kanton Graubünden, Amt für Kultur und Stiftung Lienhard-Hunger, Chur.

Dr. Beat Stutzer
Direktor Bündner Kunstmuseum

Einführung –
«Ins Innere der Natur vordringen»

Im Jahre 1952 beendet Mathias Balzer seine Ausbildung am Bündner Lehrerseminar in Chur. Ein kurz darauf diagnostiziertes Lungenleiden zwingt ihn aber zu einem achtmonatigen Kuraufenthalt in Davos und verhindert so eine sofortige Aufnahme seiner Tätigkeit als Primarlehrer. Da jedoch die nach Ende des Kuraufenthalts angetretene Stelle als Primarlehrer in seinem Geburtsort Schmitten zu einer Belastung wird, entscheidet sich Balzer auf Rat des behandelnden Arztes zu einer Weiterbildung und verlässt im Sommer 1954 erstmals das heimatliche Graubünden, um sich an der kunstgewerblichen Abteilung der Allgemeinen Gewerbeschule in Basel zum Zeichenlehrer ausbilden zu lassen.

In Basel durchläuft Balzer während sechs Semestern ein arbeitsintensives Studium der zeichnerischen Auseinandersetzung mit dem Gegenstand und der Natur. Den in der Basler Schule verfolgten Fokus, über die oberflächliche Erfassung des äusseren Aufbaus hinaus die formalen Zusammenhänge innerer räumlicher Strukturen zu beobachten, bezeichnet Balzer als prägend für die eigene spätere künstlerische Entwicklung.

Während des einjährigen pädagogischen Jahres am Basler Lehrerseminar, das er im Anschluss an die Fachausbildung zu absolvieren hat, erleidet Mathias Balzer eine schwere persönliche psychische Krise. Die Bewusstwerdung der «familiären, dörflichen und geistig-kulturellen Enge» (Balzer) und insbesondere der vom Dogma der katholischen Kirche auferlegten Unmündigkeit belasten den jungen Zeichenlehrer mit einem Gefühl der Unfreiheit, das die Entwicklung seiner persönlichen Identität be- oder verhinderte. Für Balzer, der die eigene persönliche und geistige Freiheit als existentielle Grundvoraussetzungen für die künstlerische Tätigkeit und Auseinandersetzung mit seiner Umwelt betrachtet, musste die Bewusstwerdung der als unzulänglich wahrgenommenen persönlichen Freiheit in eine persönliche Krise führen. Rückblickend betrachtet war es jedoch nachgerade die räumliche Entfernung von der Heimat während der neun Jahre in Basel, welche die notwendige kritische Distanz erst ermöglichte. Durch sie wusste er die «negativen und positiven Seiten» (Balzer) besser zu erkennen und zu werten und konnte sich so allmählich von der «engen kulturellen, sozialen und geistigen Welt seiner Herkunft» (Balzer) befreien. Insofern aus heutiger Sicht für Mathias Balzer sowohl Krankheit als die Zeit der Genesung eine eigentliche Zäsur bedeuten, die er als existentielle Wende hin zu einer «Verinnerlichung» erfährt, dürfen wir annehmen, dass der in jungen Jahren erfahrene Prozess der Hinterfragung der kulturell-geistigen Herkunft und der persönlichen existentiellen Situation die künstlerische Entwicklung Balzers grundlegend beeinflusste. Die eingehende Beschäftigung mit den Bestimmungen des Daseins des Menschen in der Welt und ein zu beobachtender Rückzug auf das Private und das persönliche Erleben leiten, um es hier vorwegzunehmen, fortan seine Suche nach künstlerischer Identität.

Im Jahre 1963 dann entscheidet sich Balzer mit nachhaltiger Unterstützung seiner Ehefrau Marietta Balzer-Caspar für eine Rückkehr ins heimatliche Graubünden. Zurück in Chur, wird sich Balzer der lokalen Randsituation der heimatlichen Bergwelt vom aktuellen Kunstschaffen in der Stadt bewusst. Aber dennoch sind es die Verbundenheit mit und die räumliche Nähe zur vertrauten Umgebung, welche die existentiellen Grundvoraussetzungen für Balzers künstlerische Produktivität begründen: «Manchmal überlege ich mir, ob es nicht besser gewesen wäre, wenn ich nach 1963 weiterhin in Basel gearbeitet hätte und neben einem Teilpensum an der Knabenrealschule mehr Zeit für das künstlerische Schaffen intensiviert hätte. Sicher wären diese Jahre entscheidend gewesen und hätten ein intensiveres Arbeiten, Aufbauen der schöpferischen Entwicklung gewährleistet. Doch was wäre entstanden, wenn ich in Basel geblieben wäre? Die Entwicklung wäre bestimmt anders verlaufen. Die Beeinflussung des Künstlers von der Gegenwartskunst her in der Stadt ist grösser, sein Schaffen aktueller. Die Stadt ermöglicht den direkten Anschluss an die Kunstszene. Aber ich frage mich, ob ich unter den städtischen Einflüssen mich selber gefunden hätte. Auch wenn ich oft völlig abseits stehe vom aktuellen Kunstgeschehen und nicht über die engere Region herauskomme, ist die eigentliche Entwicklung, das Entdecken der Sujets und die Liebe zum von Kindheit an Vertrauten in der engeren Heimat entstanden.»[1]

Frühe Arbeiten (1965–1970)

Mitte der sechziger Jahre – Mathias Balzer arbeitet als Zeichenlehrer an der Kantonsschule Chur – entstehen die ersten von Lehrtätigkeit und Weiterbildungskursen losgelösten künstlerischen Arbeiten. Neben einigen druckgrafischen Werken bildet eine Reihe von grossformatigen Ölbildern eine erste eigentliche Werkgruppe (Abb. 1 und 2), und wer mit Balzers Werk vertraut ist, mag erstaunt sein ob der Ungegenständlichkeit dieser frühen Arbeiten. Im Gegensatz zu den in seinem Gesamtwerk dominierenden kleinformatigen und figurativen Arbeiten auf Papier oder Holz sieht sich der Betrachter hier mit einer für Balzer ungewöhnlichen Farbigkeit in grossem Bildformat konfrontiert. Die in Zusammenhang mit der Arbeit an mehreren von seiner Ehefrau Marietta gewobenen Bildteppichen entstandenen abstrakten Werke sind Zeugnis einer intensiven Beschäftigung mit der vielfältigen Herbstfarbigkeit in der Natur und deren Umsetzung in Farbe und Form. Die nebeneinander gesetzten und in mehreren Schichten übereinander gelegten Farbfelder formulieren ein über die gesamte Bildfläche verteiltes vegetatives Ganzes und lassen gleichzeitig einen spielerischen und experimentellen Umgang mit den Wechselwirkungen von Farbe und Form verraten. Für Balzer selber liegt diesen kaleidoskopartigen Kompositionen das Bedürfnis zugrunde, die persönliche sinnliche Wahrnehmung von Farbe experimentell in die Sprache des Bildes umzusetzen und so die eigene Farbempfindung zu schulen. Die Arbeit mit Farbe bedeutet für ihn deshalb ein Bedürfnis, da während der Fachausbildung in Basel die Beschäftigung mit Farbe hinter der konstruktiv-zeichnerischen Umsetzung von Natur und Gegenstand zurücktreten musste. Wahrnehmung und Erfahrung von Farbe sind denn auch zentrales Anliegen von Balzers vorliegenden Umsetzungen nach der Natur, wie er Jahre später rückblickend feststellt: «Das Farberlebnis steht immer noch mit der Natur im Einklang und bildet mit ihr eine organische Einheit. So wie der menschliche Organismus nur durch organische Vorgänge funktioniert, bezieht sich auch die menschliche Erlebnisfähigkeit im Wahrnehmungsbereich stets auf das Organische. Selbst ganz subjektive Empfindungen sind im Zusammenhang mit ihrer Umgebung zu sehen. Für mich bleibt die Farbe immer mit der Natur verbunden. Selbst dann, wenn mein Schaffen völlig frei und nicht in Bezug zu einem bestimmten Gegenstand steht.»[2]

Bereits 1967 und in Folge im Jahre 1968 zeigt sich in der Bildgestaltung bald ein grundlegender Wandel, als dass Balzer beginnt, den rhythmischen Duktus verstärkt zu formalisieren (Abb. 2). Waren in den vorausgegangenen

Arbeiten die spontan platzierten Farbklänge noch dem zweidimensionalen Raum der Fläche verhaftet, stossen nunmehr bewusst gesetzte farbähnliche Formen aneinander. Diese definieren sog. «Raumfelder», die das formale Gefüge einer Landschaft erkennen lassen. Sowohl die mittels Farbe geführte Akzentuierung als auch der dunkle, mattfarbene Hintergrund suggerieren Raumtiefe und Plastizität.

Die sich in den Ölarbeiten anzeigende Formalisierung einer Landschaftsstruktur findet alsbald im Wechsel zur druckgrafischen Technik eine konsequente Weiterführung. Zeitgleich zur vorliegenden Arbeit in Öl entsteht eine Aquarellzeichnung nach einer Landschaft im Safiental. Das Aquarell will den Künstler jedoch noch nicht befriedigen, weshalb auf die beiden malerischen Arbeiten die Umsetzung des gleichen Motivs in die Zeichnung folgt (Abb. 3), welches in einem weiteren Schritt in das druckgrafische Medium der Radierung übertragen wird (Abb. 4). Sowohl die farbrhythmischen Umsetzungen in Öl als auch die beiden grafischen Arbeiten protokollieren Balzers Absage an die Abstraktion und die Rückkehr zur gegenständlichen Darstellung der Natur. Eine Rückkehr insofern, als dass das Auftauchen der Zeichnung die in der Fachausbildung geschaffene Grundlage der intensiven zeichnerischen Auseinandersetzung mit dem Gegenstand und der Natur Balzers künstlerische Herkunft bestätigt. Die hiermit vollzogene Absage an die Abstraktion bedeutet zugleich das Zurückstellen der Farbe zugunsten der grafischen Medien Zeichnung und Druckgrafik, die beide massgeblich das technische Vokabular der siebziger Jahre bestimmen sollen. Auftakt zu jener grafischen Schaffensphase bilden die Bergzeichnungen, die sich zusammen mit den Landschaftsdarstellungen in den Topos der Naturstudie einordnen lassen. Nach der Erprobung farbformaler Mittel tritt nun vermehrt die Auseinandersetzung mit Motiven der unmittelbaren Umwelt in den Vordergrund. Frei von jeglicher Sentimentalität beobachtet Balzer, registriert und zeichnet auf. In den zeichnerischen Umsetzungen der heimatlichen Berg- und Tallandschaften bestimmen die Formationen der Natur das motivische Repertoire und lassen den Menschen angesichts der gewaltigen, unberührten Bergwelt überflüssig erscheinen. Balzers Strich evoziert wilde Bergmassive von gewaltiger Präsenz, deren schroffe Autonomie den Betrachter unmittelbar konfrontiert. Das grafische Vokabular ist das der lebhaften, rhythmischen Linien, die Flächen gliedern und die Landschaft zu einem plastischen Körper modellieren. Bereits in den frühen Bergzeichnungen wie «Berg im Safiental» (Abb. 3) zeigt sich Balzers Blick für grafische Feinheiten und rhythmische Gliederung. Die formale Sprache ist die der spontan-umschreibenden und gebrochenen Linien, die sich mancherorts zu Gruppen verdichten oder zu Massen verstärken, um sich alsbald wieder aufzulösen. Bei einer genaueren Betrachtung des Liniengefüges ist aber zu beobachten, dass die auf einen ersten Blick als spontan beschriebene Umsetzung der Landschaft in das grafische Gefüge von Linien und Volumina vielmehr das Resultat einer bewussten Platzierung ist, die über die Erfassung der sichtbaren Form hinaus die strukturellen Verbindungen von Lasten und Stützen des Berges zum Vorschein bringen lassen.

Primat der Zeichnung (1970–1979)

Zu Beginn der Dekade der 70er Jahre entstehen Arbeiten, die Neues im Werk von Balzer anklingen lassen. In formaler Hinsicht ist nach wie vor eine Konzentration auf eine sorgfältige grafische Umsetzung spürbar, die mit der inhaltlichen Fokussierung auf einen einzelnen Gegenstand einher geht. Die freie und grosszügige Formulierung der heimatlichen Berglandschaft weicht allmählich einer sorgfältigen zeichnerischen Auseinandersetzung mit dem einzelnen Gegenstand. Weniger das Gewohnte und Vertraute und das für Jedermann Sichtbare, sondern das einzelne Kleine, das an und für sich unspektakuläre Ding, wecken nun Balzers künstlerisches Interesse. Während seiner Erkundungs- und Entdeckungsreisen auf der Schmittner Alp stösst er auf organische Hinterlassenschaften der Natur wie Baumstrünke (Abb. 5) und Holzwucherungen, in welchen er Landschaftsformationen in kleinem Format entdeckt. Das Sensorium für grafische Graduierung und Rhythmik, das Balzer bereits in den Landschaftsansichten erproben und schulen konnte, wird hier und in folgenden Blättern gekonnt weitergeführt und entwickelt. Während in den Zeichnungen von Holzstrünken der Zeichenstift noch die sichtbare Oberflächenstruktur aufzeichnet, dringt er bei der Darstellung von Holzwucherungen in das physische Innenleben der Objekte vor (Abb. 6). Das langsame Vortasten ins Innere des Gegenstandes, von Balzer als «Ringen um die Form» beschrieben, befreit diesen nicht nur von der ihn umgebenden sichtbaren Aussenhülle, sondern lässt im Prozess der zeichnerischen Durchdringung Formzusammenhänge und Strukturen komplizierter Organismen auch haptisch erfahrbar machen: «Natürlich erfasse ich nach allem hartnäckigen Suchen um die Formzusammenhänge auch immer nur die äussere Erscheinung des Gebildes. Aber wenn ich die äussere Erscheinung, das, was ich sehe, erfasst habe, so glaube ich doch, immer auch dem Wachstum, Wesen und der organischen Eigenart des Gegenstandes näher gekommen zu sein.»[3]

Der von Balzer beschriebene Prozess der zeichnerischen Aneignung soll demnach den Formenreichtum innerer Strukturen und Kräftelinien sichtbar machen. Der Isolierung des gezeigten Objekts vor neutralem Hintergrund und der präzisen Umsetzung labyrinth-ähnlicher Linienverläufe, Überschneidungen und Verwachsungen liegt die künstlerische Intention zugrunde, dem hintergründig Verborgenen näher zu kommen. Das Herauslösen der Objekte aus ihrer gewohnten Umgebung und die Vergrösserung der Dimensionen dienen gleichzeitig der Vermittlung sinnlich-expressiver Erfahrungen, die dem dargestellten Objekt eine neue Bedeutung und Deutung zuweisen. Die gezeichneten Baumstrünke und Holzwucherungen im Bereich der Waldgrenze werden folglich zu Bedeutungsträgern, welche den immer wiederkehrenden Verfallsprozess der Natur im Umfeld wechselnder Witterungsverhältnisse und harter Lebensbedingungen vergegenwärtigen – dem unausweichlichen Zyklus von Leben und Tod setzen die knorrigen, in ihren Verwachsungen erstarrten Gebilde, der Symbiose von Wachstum und Zerfall ein bildnerisches Monument.

«Archäologie der Dinge» (1976/1977)

Nachdem der Irrgarten einer Morchel und die kraterähnlichen Oberflächenstrukturen von Flechten die Bildformate haben grösser werden lassen, vollzieht sich im Jahre 1974 mit dem Blatt «Sack» (Abb. 7) ein weiterer Wechsel hinsichtlich der Wahl der Sujets. Standen bis anhin ausschliesslich natürliche, organische Gebilde im Zentrum der zeichnerischen Auseinandersetzung, treten an deren Stelle fortan anorganische, «gemachte» Dinge in den Vordergrund. So ist es bald die weiche, haptische Materialität eines Stoffes, die plastische Struktur eines textilen

Faltenspiels (Abb. 8) oder der formale Reichtum von Zerstörungsspuren im blechernen Material, die der Zeichenstift aufzuspüren versucht. Das Auffinden solch weggeworfener und wertloser Gegenstände bedeutet zugleich Erkunden, Entdecken, Bemerken und Ausgraben inmitten zufälliger und alltäglicher Dinge. In einem ersten Schritt zeichnet Balzer die unterschiedlichen Ansichten eines solchen Wegwerfproduktes unserer Zivilisationsgesellschaft, um sie alsbald in das Medium der Radierung zu übertragen. In einem zweiten Schritt verbiegt und öffnet er deren Aussenhülle mit Hilfe einer Blechschere, um das Innere der Blechkörper freizulegen. In unterschiedlichen Arbeitsstufen ringt Balzer solchen an und für sich wenig spektakulären Zivilisationsrelikten beharrlich neue Ansichten ab, welche die verschiedenen Erscheinungsformen eines Dingwesens protokollieren und veranschaulichen (Abb. 9). Die Suche nach subtil differierenden Nuancen erfordert jedoch die Anwendung adäquater technischer Mittel, welche die Umsetzung formaler plastischer Qualitäten ermöglichen. Folglich gewinnt die Radierung immer mehr an Bedeutung, bis diese sich aus der ihr bis anhin zugesprochenen Rolle der Statistin zu befreien vermag und zu einem emanzipierten Medium heranreift.

Im folgenden soll der gestalterische Prozess der Suche und Umsetzung am Beispiel der Grafikmappe «Eine Archäologie der Dinge» aufgezeigt werden (Abb. 10–13). Die im Produktionsprozess entstandenen Zustands- und Probedrucke dokumentieren nicht nur das komplexe Herstellungsverfahren, sondern ermöglichen gleichzeitig den Vollzug einer optischen Reise anhand eines Gegenstands. In meistens acht oder mehr in sich abgeschlossenen Arbeitsschritten wird die plastische Erscheinung des Objekts mit dessen Vertiefungen, Wölbungen und Konturen auf die Zinkplatte aufgetragen und mit Hilfe des Ätzvorgangs in die Platte gebannt (Abb. 10). Durch Wegschaben des Aquatintakorns werden in einem weiteren Schritt die Binnenformen herausgearbeitet, die plastische Formen und Tonabstufungen feinster Schattierungen und Helligkeitsspuren innerhalb hart umrissener Flächen zum Vorschein treten lassen (Abb. 11 und 12). Insofern Balzer bei der Gestaltung der Flächen weitgehend auf die Ausdrucksqualität von Farbe verzichtet, bestechen die Blätter vielmehr durch die subtilen Abstufungen von Schwarz und Grau und durch die Hintergründigkeit der nuancenreichen, Licht schluckenden Braunstufen der Sepiafarbe (Abb. 12 und 13), welche die morbide Rostigkeit des verbeulten Blecheimers zum Ausdruck bringen. Die durch den neutralen Hintergrund bedingte Isolierung des Gegenstandes und die damit einhergehende Monumentalisierung bedeuten eine Steigerung der Präsenz der gezeigten Objekte, weshalb diese als Dingwesen einer anderen Existenz vor Augen geführt werden. Die Vergrösserung des Gegenstandes und der durchdringende Blick des Künstlers, der an die Grenzen der optischen Wahrnehmungsfähigkeit vordringt, offenbaren eine haptische Nahsicht, die unsere Augen über die dichte Fülle von Formen und Linien tasten lässt. Wie Gerolf Fritsch anschaulich beschreibt, verflüchtigt sich das vormals Gesehene unter dem suchenden Blick des Betrachters, löst sich auf, bis sich das konkrete Ding vom eigentlichen Ausgangspunkt entfernt und zur Vorstellung wird. Hier denkt man nicht mehr an rostige Blecheimer, sondern fühlt sich versetzt in geheimnisvolle Landschaften einer unbekannten Topografie (Abb. 13).[4]

Im Jahre 1978 dann kehrt Balzer erneut zu den Motiven der organischen Gegenstände zurück. Im Gegensatz zu den früheren Darstellungen knorriger Gebilde wie Baumstrünke und Holzwucherungen vor einem neutralen, hellen Hintergrund, meinen wir in diesen Arbeiten eine neue bildnerische Qualität wahrzunehmen (Abb. 14 und 15). Ein eruptives Dickicht konkaver und konvexer Formen beschlagnahmt die gesamte Bildfläche, wobei sich dunkle Höhlen in der Tiefe des Bildraumes verlieren und die dadurch entstehenden Labyrinthe keinen Ausweg zeigen. Unter der zeichnenden Hand wird die formale Struktur zur Bewegung, in deren Fluss Formen gefunden oder neu erschaffen werden.

Nach Aussage des Künstlers provozierten die ins Dämonische entstellte und ins Mythische verwandelte Expressivität der Darstellungen Gefühle des Unbehagens und der Bedrohung. Während die verborgenen Linienverläufe der organischen Labyrinthe Urformen des Lebens nachvollziehen, wird den Zivilisationsrelikten der Bildfolge «Archäologie der Dinge» eine weitere Bedeutung eingezeichnet. Die achtlos weggeworfenen Gegenstände mit ihren eingeschriebenen Zerstörungsspuren als Resultat einer künstlichen Erosion werden uns als Sinnbilder unserer Konsum- und Abfallgesellschaft vor Augen geführt. In ihrer hintergründigen Bildlichkeit protokollieren sie anschaulich das Vordringen der menschlichen Zivilisation in den unseren technischen und wirtschaftlichen Interessen verfügbar gemachten natürlichen Lebensraum: «Vielleicht sind meine bildhaften Äusserungen Ausdruck dieser Angst und Bedrohung, aber auch Ausdruck der Verbundenheit mit den Dingen dieser Welt, ganz besonders mit dem Ursprünglichen, dem Gewordenen, dem Gewachsenen, vom Leben Geprägten, Geformten und auch Verformten.»[5]

Die hiermit zum Ausdruck kommende bildnerische Strategie, in der Darstellung von Dingwesen hinter der Grenze des Sichtbaren verborgene Gesetzmässigkeiten innerer Strukturen zu erkunden, hilft dem Künstler gleichzeitig, eine inhaltlich besetzte, metaphorische Bildsprache zu entwickeln. Wie folgendes Zitat zeigen will, manifestiert sich der metaphorische Ausdrucksgehalt der Darstellungen in der Überantwortung der Bildfindung an die gestaltende Qualität von Imagination und Assoziation: «In meiner Arbeit versuche ich, ins Innere der Natur vorzudringen. Es ist eine Auseinandersetzung des Ichs mit dem Gesehenen, dem Wahrgenommenen, dem Erlebten, dem Erdachten und dem Unbewussten, dem Traum. Zeichnend versuche ich, in den Gegenstand einzudringen. Dabei fliesst unbewusst etwas von mir selbst ein, und die Zeichnung wird zum Medium, das eigene Selbst zu entdecken. Es entstehen Assoziationen, in einer Form, in einer begonnenen Linie entdecke ich den Ansatz eines Gesichtes, einer Figur, und diese versuche ich weiterzuführen.»[6]

Auch wenn die Bildlichkeit der Dingexistenzen für Balzer den Zugang zu einer «inneren, unsichtbaren Wirklichkeit» ermöglicht, distanziert sie sich vom Postulat der objektiv-sachlichen zeichnerischen Reproduktion. Balzers Bilder suggerieren vielmehr ein Universum des Mysteriösen und Numinosen, das dem Wahrnehmungsbereich der irrationalen Empfindung und Intuition angehört und sich der Erfahrbarkeit rationaler Erkenntnis entzieht. Ausgangssituation der zeichnerischen Auseinandersetzung ist zwar das konkrete Ding, an und mit dem der Prozess der Veränderung eingeleitet und vollzogen wird, indem Balzer «zeichnend aus sich herausgeht, in Bedeutungsspuren verwandelt, was er entdeckt, eingeschrieben findet, aufgeprägt.»[7] Auf diesem Weg appelliert er gleichzeitig an das Vorstellungsvermögen des Betrachters und weckt Assoziationen, die ihrerseits neue Bilder auslösen und den skurrilen Gebilden eine mögliche neue Bedeutung zuteil werden lassen: «Die skurrilen Gebilde werden in der angeregten Phantasie wieder lebendig. Fabelwesen, Kobolde, Ungeheuer tauchen aus dem Unbewussten auf und nehmen Gestalt an – Wesen, die einst in der Vorstellung des Menschen lebendig waren und in Märchen und Sagen noch anzutreffen sind.»[8]

Noch unter dem Einfluss der Basler Fachausbildung entstehen die ersten Werkgruppen, die der Kategorie der Naturstudie zuzuordnen sind. Sowohl die abstrakten Farbkompositionen als auch die folgenden Bergzeichnungen und die gegenständlichen Darstellungen verschiedener Fundstücke nehmen Ausgang von einem der sichtbaren Wirklichkeit zugehörigen Wahrnehmungsbereich. Wie die nun einsetzende Betrachtung ausgewählter Werkgruppen zeigen möchte, wendet sich der Künstler von der sichtbaren Wirklichkeit ab, um während etwa einer Dekade in der Darstellung der menschlichen Figur den existentiellen Fragen um Leben und Tod nachzugehen und ins Bild umzusetzen. Insofern bei Balzer dieser Fragenkomplex nicht losgelöst von der eigenen Person betrachtet werden kann, ist in dieser Werkphase ein Rückzug auf das Private und das persönliche Erleben und Empfinden festzustellen. Auf der Grundlage von Texten, Theorien oder Werken der Literatur, die für das Verständnis der Arbeiten herangezogen werden sollen, erschliesst sich Balzer einen geisteswissenschaftlichen und kulturhistorischen Kosmos, der ihm erlaubt, seinem künstlerisch-moralischen Anliegen auch bildnerisch Ausdruck zu verleihen. Balzers formale Strategie des zeichnerischen Vordringens ins Innere der Natur und die damit verbundene Abkehr von der Darstellung der sichtbaren Natur lassen sich in Parallele setzen mit der inhaltlichen Suche nach dem verborgenen Untergründigen und Ursprünglichen, die für ihn gleichermassen die Suche nach der eigenen Identität beinhaltet. Insofern vorliegender Text dieser moralisch-künstlerischen Suche folgen möchte, steht die inhaltliche Entwicklung, die Mathias Balzer in seinen Werken während etwa einer Dekade durchläuft, im Vordergrund der Betrachtung. Den zur Darstellung kommenden Bildfolgen entsprechend, gliedert sich der Text in vier Teile, die jeweils unter Berücksichtigung relevanter Schriften und Texte zum Verständnis der thematischen Schwerpunkte im Werk beitragen und die einzelnen Stationen der Suche des Künstlers und Menschen Mathias Balzer aufzeigen wollen.

[1] Balzer, in: Cornelia Eugster, Mathias Balzer. Bünderkünstler, Maler, Zeichner, Radierer, Seminararbeit am Lehrerseminar Chur, Chur 1981, S. 50.

[2] Ebd., S. 23.

[3] Ebd., S. 56.

[4] Vgl. dazu Gerolf Fritsch, Die Dinge, die uns angehen. Konfiguration und Wunschproduktion am Beispiel Mathias Balzers, in: Kunstnachrichten. Zeitschrift für internationale Kunst, Nr. 17/1, Zürich 1981, S. 3–12, S. 10.

[5] Balzer, in: Schweizer Kunst. Zeitschrift der Gesellschaft Schweizerischer Maler, Bildhauer und Architekten GSMBA, Nr. 6, Zürich 1978, S. 5.

[6] Balzer, in: GSMBA-Graubünden. Standort 82, Teil 1, Faltblatt zur Ausstellung im Bündner Kunstmuseum 27. März bis 2. Mai 1982, Chur 1982 (ohne Paginierung).

[7] Fritsch, Die Dinge, die uns angehen, wie Anm. 4, S. 9.

[8] Balzer, in: GSMBA-Graubünden, wie Anm. 6.

Mathias Balzer, Cité Internationale des Arts, Paris 1991

Abb. 1 Ohne Titel, 1967
Abb. 2 Ohne Titel, 1967

Abb. 3 Berg im Safiental, 1968

Abb. 4 Berg im Safiental, 1968/2001

Abb. 5 Baumstrunk, 1971

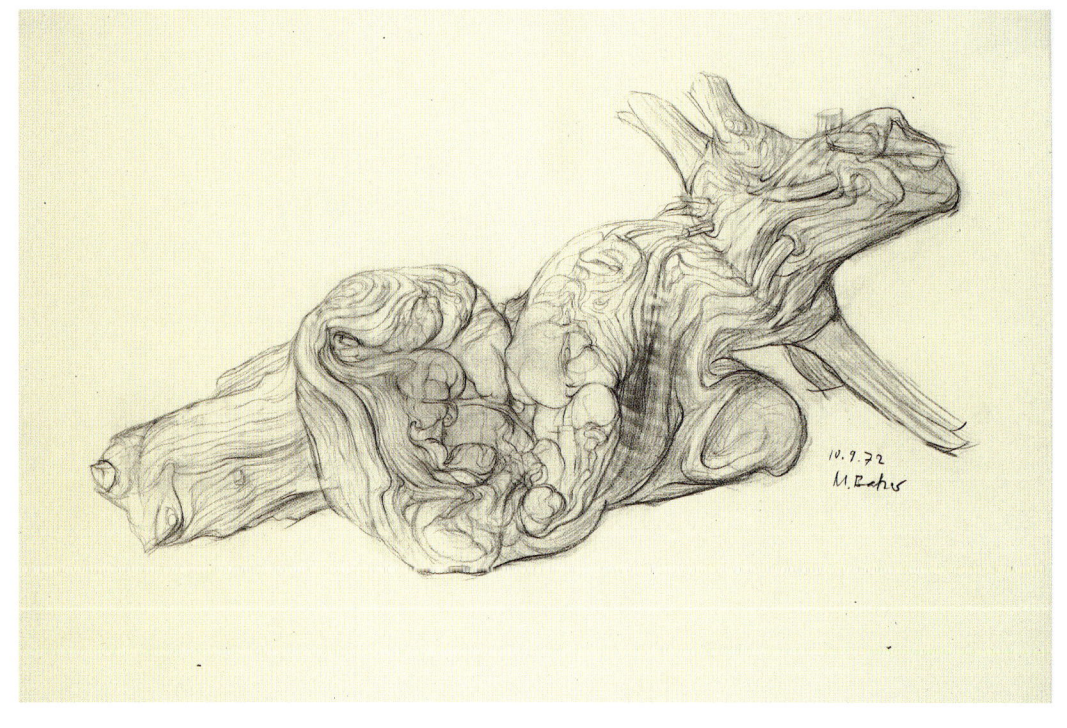

Abb. 6 Holzwucherung, 1972

Abb. 7 Sack (Organische Objekte), 1974

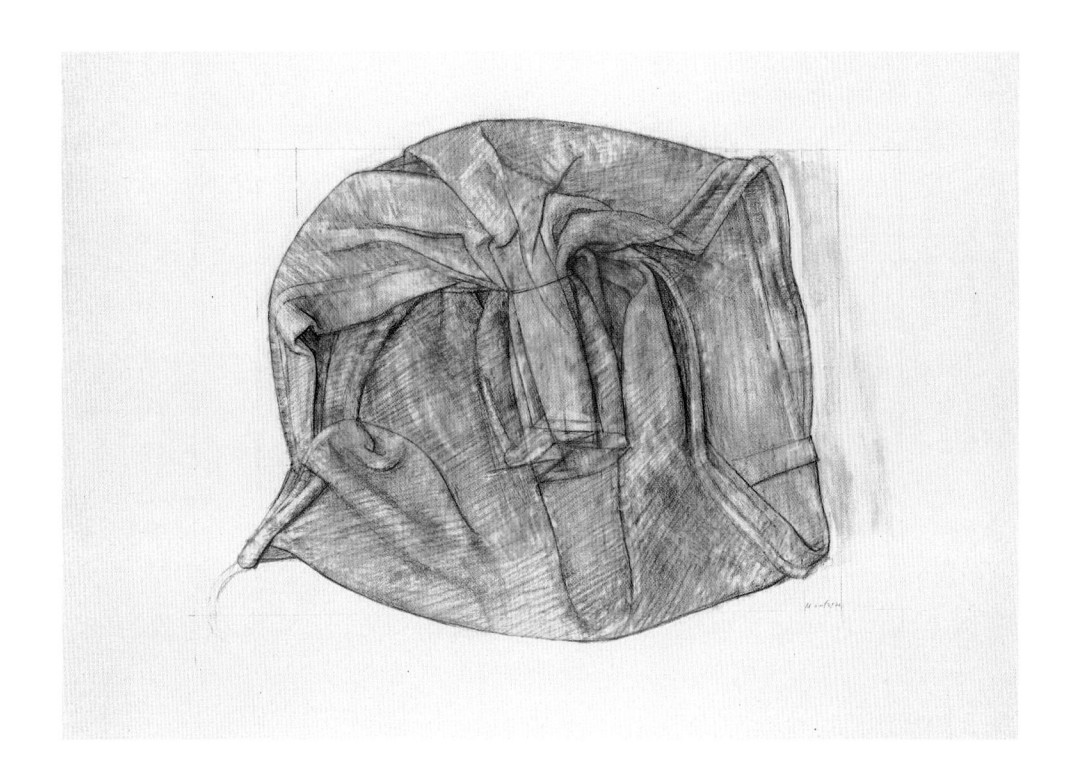

Abb. 8 Textile Faltung (Organische Objekte), 1974

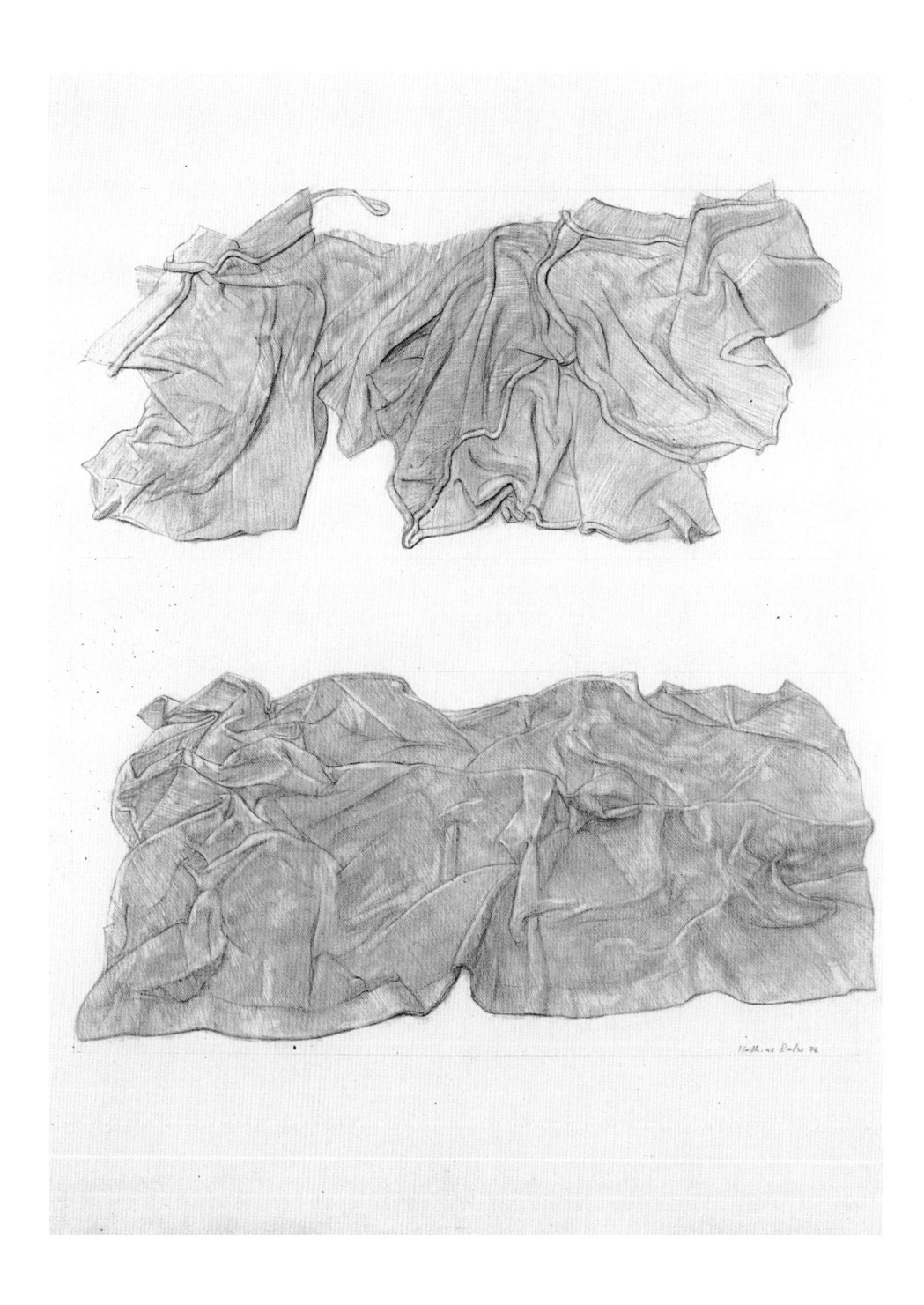

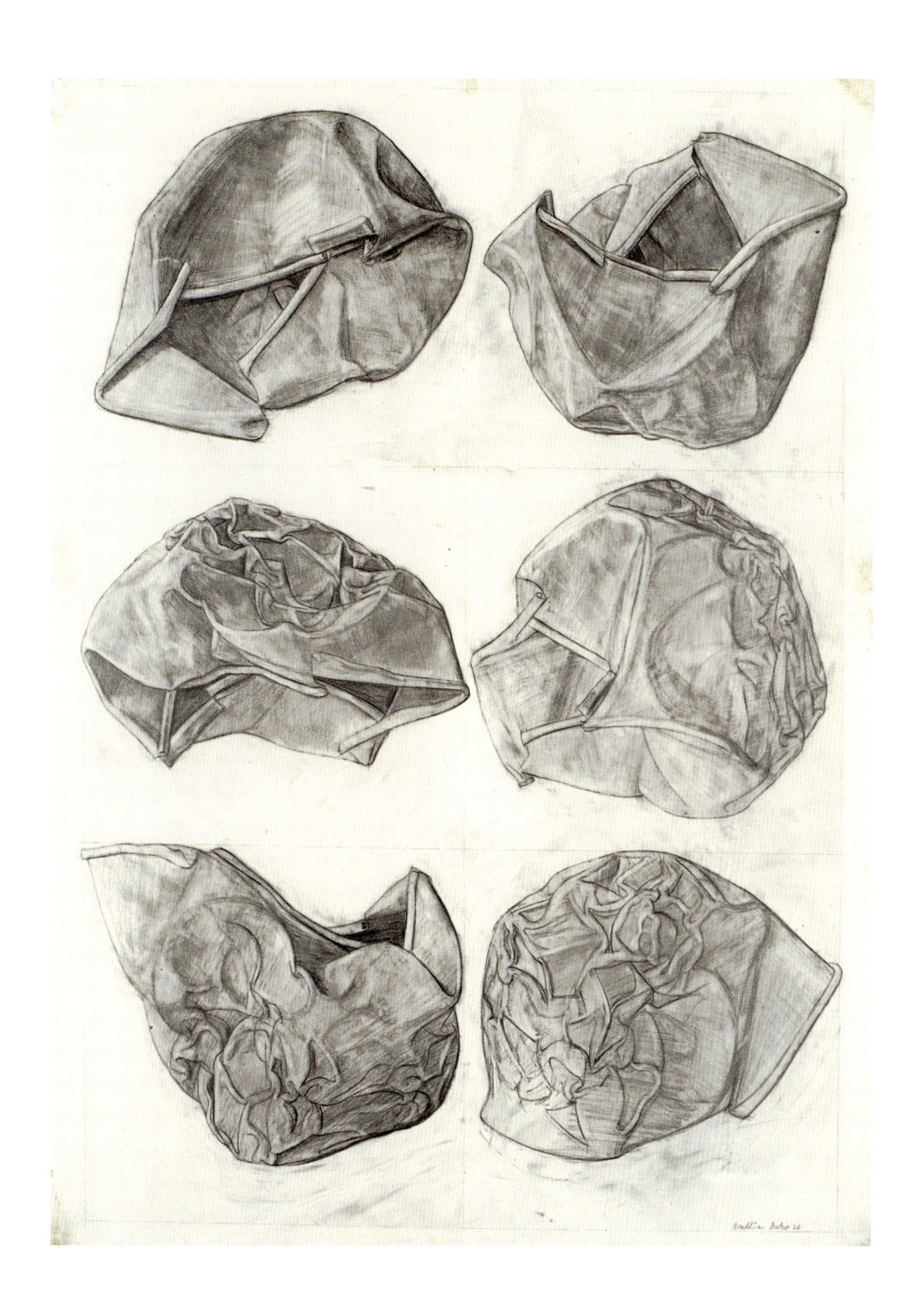

Abb. 9 Verbeulter Blecheimer (Anorganische Objekte), 1976

Abb. 10 Pagode (Archäologie der Dinge), 1976

Abb. 11 Pagode (Archäologie der Dinge), 1976

Abb. 12 Pagode (Archäologie der Dinge), 1976

Abb. 13 Mondschiff (Archäologie der Dinge), 1977

Abb. 14 Hirngespinst (Organische Objekte), 1978
Abb. 15 Höhlenlabyrinth (Anorganische Objekte), 1978

Wege der Selbstfindung

Kurz vor Dekadenwechsel kündigt sich Neues im Werk von Mathias Balzer an. Die zu beobachtende Abkehr von einer objektiv sichtbaren und messbaren Natur und die Hinwendung zu einer Bilderwelt subjektiver Assoziationen und sinnlicher Erfahrungen vollzieht sich etwa zeitgleich mit Balzers Entscheidung für den definitiven Austritt aus dem Lehramt.[1] Die daraus resultierende persönliche existenzielle Situation als freischaffender Künstler ermöglicht ihm erstmals längere Aufenthalte im Ausland, die nachhaltig das Motivrepertoire seiner Kunst beeinflussen werden.

In dieser Zeit verschwinden auch nach jahrelanger Auseinandersetzung mit den Dingen der Natur und der Zivilisation die Gegenstände für längere Zeit aus seinem Werk. Im Sommer 1979 führt ihn eine erste von vier Reisen nach Rom, wo er jeweils für einen Monat Gast am Istituto Svizzero ist. Wie die aus dieser Zeit datierten Aufzeichnungen und Zeichnungen in seinen Tage- und Skizzenbüchern dokumentieren, formuliert Balzer fernab der vertrauten heimatlichen Bergwelt und im Zuge seiner intensiven Beschäftigung mit den zahlreichen antiken und frühchristlichen Kultur- und Kunstgütern in Rom neue inhaltliche und technische Interessen. Neben dem Skizzieren römischer, etruskischer und ägyptischer Kunstdenkmäler in den Museen und Sammlungen Roms, führen ihn auch mehrere Besuche zu den etruskischen Grabanlagen der nahe gelegenen Ausgrabungsstätten in Cerveteri und Tarquinia. Zusammen mit den zahlreichen antiken Kunsthinterlassenschaften sind es insbesondere die frühchristlichen Wandmalereien in den unterirdischen Grabanlagen der Katakomben, die Balzers künstlerisches Interesse wecken. Während den Stunden der Abgeschiedenheit und Stille in den unterirdischen Grüften erfährt der Künstler in den Darstellungen an Wänden und Gewölben eine Unmittelbarkeit und Eindrücklichkeit, die für ihn den Geist des Urchristentums vergegenwärtigen und ihn nachhaltig zu beeindrucken vermögen.

Während eines einmonatigen Aufenthalts in Düsseldorf im Winter 1979 sind es dann die Menschen in den Strassen und Cafés der Stadt, die er in Skizzen festhält. Da jedoch für Balzer die Darstellung der menschlichen Figur die Anwendung neuer technischen Mittel bedarf, entsteht eine Folge von ungefähr 40 Blättern, die das Thema der menschlichen Figur mit Hilfe des druckgrafischen Mediums der Monotypie umsetzen.[2] Mit der Wahl dieser malerischen Drucktechnik, die eine spontane und schnelle Arbeitsweise verlangt, befreit sich hier Balzer erstmals von der jahrelang geübten minuziösen zeichnerisch-linearen Erfassung eines Gegenstandes und dem von ihm mit eigenen Worten umschriebenen langwierigen «Ringen um die richtige Form». Zugleich wird hier mit der Elaborierung eines einzelnen Bildthemas in zahlreichen einzelnen Blättern Balzers Bevorzugung der seriellen Arbeitsmethode offenkundig, da ihm diese erlaubt, die bildhafte Umsetzung eines Themas in vielen einzelnen zusammenhängenden Bildern zu entwickeln, zu variieren und quantitativ zu steigern. War es vormals noch die der Zeichnung nahestehende Technik der Radierung, welche die behutsame Planung und Gestaltung eines Bildthemas in mehreren kontrollierbaren Arbeitsstufen erlaubt, verrät die Wahl der Monotypie ein Bedürfnis nach einer unmittelbaren malerischen Bildsprache. Gerade weil die Technik eine spontane und schnelle Arbeitsweise voraussetzt, ermöglicht sie im Fluss der Produktion mit Hilfe von Wiederholungen und subtilen Variationen eine inhaltliche Intensivierung.

Ein Jahr später – Mathias Balzer weilt zum zweiten Mal in Rom – entsteht eine Serie kleinformatiger Monotypien, die Balzer auf der Grundlage von alten Fotografien der frühchristlichen al fresco-Malereien in den Katakombenanlagen anfertigt.[3] Die 86 Blätter verraten das Interesse an den unterschiedlichen bildnerischen Formulierungen der wenigen, vorwiegend auf Errettung und Auferstehung konzentrierten Szenen des alt- und neutestamentlichen Bilderkanons (Abb. 16 und 17). In den einfachen Figurenkompositionen, deren bildnerische Qualität sich besonders in der ausdrucksvollen Gebärdensprache zeigt, glaubt Balzer ein Bildvokabular gefunden zu haben, welches Eindringlichkeit und Unmittelbarkeit zum Ausdruck zu bringen vermag und sein eigenes zukünftiges Schaffen bestimmen soll: «Was sich im Anschluss an die Katakombenstudien aufdrängt, sind einfache, menschliche Themen. Ausdruck menschlicher Gefühle, die sich in einfachen Gebärden ausdrücken könnten. Etwas von dieser ausdrucksstarken, elementaren Gebärden- und Körpersprache hoffe ich realisieren zu können und [...] Gefühle in der Körpersprache und im Gesichtsausdruck auszusagen.»[4]

Dantes Höllenvision
Zurück aus Rom entsteht unter dem nachhaltigen Eindruck der urchristlichen Ikonografie ein Zyklus von acht Lithografien, welcher die Bildsprache der folgenden sog. Dante-Arbeiten vorbereitet.[5] Sowohl die Lithografien (Abb. 18) als auch eine kleinformatige Farbradierung tragen in sich bereits die bildnerische Strategie der folgenden Dante-Arbeiten, dem Betrachter die Suggestion eines unendlichen Bildraumes bei gleichzeitiger kompositioneller Verdichtung vorzuführen. «Hexentanz» (Abb. 19), «Ecce Homo» (Abb. 20) und «Pechsee» (Abb. 21) benennen Arbeiten, die Balzer in Zusammenhang mit seiner Beschäftigung mit Dante Alighieris (1265–1321) visionären Schilderung des Inferno in der Divina Commedia entwickelt.[6] Wie einleitend dargelegt, bezeichnen zeichnerisches Vordringen, das untergründig Verborgene und die Hinwendung zu einfachen Themen bildnerische und inhaltliche Aspekte für die künstlerische Entwicklung. Die hier einsetzende Auseinandersetzung mit Dantes literarischer Höllenvision kann in diesem Bezugrahmen als eine Weiterführung des eingeschlagenen künstlerischen Weges gesehen werden, berichtet die Dichtung doch von den Erfahrungen des Pilgers Dante mit den verdammten Seelen im unterweltlichen Bereich der Hölle. Gleichzeitig belegen Balzers Arbeitshefte ein kulturgeschichtliches Interesse an griechischen und römischen Unterweltsmythologien und volkstümlichen Sagen und Märchen.[7] Der Künstler weiss also um die mit der geheimnisvollen Welt des Unterweltlichen verbundenen Vorstellung als Ort des Dunkels und Wirkens unheimlicher Mächte, die sich metaphorisch eng an unser Bild von der Hölle als Ort der Finsternis und der Verdammnis anlehnt.[8] Vor diesem Hintergrund können die Dante-Radierungen auf der Grundlage von Balzers Lektüre der mittelalterlichen Dichtung mit den ihr eigenen Implikationen und im Wissen um den metaphorischen Ausdrucksgehalt der Hölle als (christlich-abendländisches) Bild der Verdammten gelesen werden. Insofern die Divina Commedia vom Menschen und menschlichen Handeln in der irdischen Welt berichtet, kann das kulturell konnotierte und emotional besetzte Bild der Hölle als (negatives) Sinnbild für das menschliche Dasein übersetzt werden: «Es geht mir um eine Umsetzung in die Gegenwart und Ausdruck meiner selbst. Angst, Lebensangst, Existenzangst, Angst als Folge äusserer und innerer Bedro-

hung und Aggression sind die Motive, die Triebfedern dazu.»⁹

In Zusammenhang mit dieser persönlichen Aussage sind die Arbeiten als (moralische) Sinnbilder der Angst und der Bedrohung zu lesen, welche die aktuelle Befindlichkeit des Künstlers angesichts seiner Wahrnehmung der Welt ins Bild übersetzen. In folgender Betrachtung interessiert denn auch die Frage nach dem metaphorischen Gehalt der Bilder im Kontext der erwähnten Wahrnehmung von Angst und Bedrohung, wobei mit der Referenz zu Dantes Text bereits weitere Hinweise gegeben sind. So verraten schriftliche Aufzeichnungen, wie dem Text entnommene Zitatstellen und Kommentare des Künstlers, eine inhaltliche Konzentration auf jene infernalischen Gesänge, die im räumlichen System der trichterförmigen Hölle die innersten und finstersten Kreise beschreiben.¹⁰ Arbeiten wie «Pechsee» (Inferno 21), die 36-teilige Montage «Blutstrom der Tyrannen» (Inferno 12) und die Studie «Feuerwüste» (Inferno 14) referieren allesamt Gesänge der unteren Höllenbezirke. Der Sündenhierarchie Dantes entsprechend sind der 12. und der 14. Gesang dem siebten Kreis, d. h. dem Kreis der gewalttätigen Sünder zugeteilt, während der 21. Gesang im achten Kreis menschliches Fehlverhalten beschreibt, mit welchem uns Dante eine Sünde des Betrugs vor Augen führen will. Der Referenz des Textes folgend, lassen sich Balzers Bilder von Angst und Bedrohung im Kontext der (menschlichen) Gewalt lesen, was im Anschluss an die Beschreibung der Bilder auch versucht werden soll.

Als Ergebnis von Balzers Auseinandersetzung mit der Divina Commedia bilden die drei Blätter «Hexentanz» und «Ecce Homo» (beide 1980/81) und «Pechsee» (1981) eine in inhaltlicher, kompositioneller und technischer Hinsicht kohärente Bildfolge. Die Umsetzung des gewählten Themas in das Medium der Radierung erlaubt Balzer im Gegensatz zur Monotypie, das gewählte Bildthema in einem von ihm selbst zu bestimmenden Gesamtablauf der Produktion zu entwickeln, als dass die Radierung einen längeren Arbeitsprozess ermöglicht, der Veränderungen und spätere Eingriffe zulässt. Zugleich lassen sich bei gleichzeitiger Anwendung von Linearätzung und Aquatinta zeichnerisch-lineare Ausdrucksqualitäten mit malerischen Effekten kombinieren. Diese Kombination erlaubt dem Künstler, die Umrisse der Figuren zuerst spontan mit der Radiernadel in den auf die Zink- oder Kupferplatte aufgetragenen Ätzgrund einzuzeichnen, während in einem zweiten Schritt mit Hilfe der Aquatintatechnik Flächen unterschiedlicher Tonabstufungen «ausgemalt» werden. So verraten denn auch die vorliegenden zahlreichen Zustands- und Probedrucke eine intensive technische Durcharbeitung der Figurenmodellierung und einen experimentellen Umgang mit Farbe.¹¹

Während für das Blatt «Hexentanz» im Herbst 1980 auf der Schmittner Alp¹² die Figurenzeichnung in den Ätzgrund der Zinkplatte ausgeführt und anschliessend im Atelier dem Säurebad ausgesetzt wird (Abb. 22), wird für die Gestaltung des Hintergrundes Harzstaub (Kolophonium) gleichmässig auf die Platte gestäubt. Die Staubpartikel bilden sich durch Erhitzen der Platte von unten zu Tröpfchen, welche auf der Plattenoberfläche haften und der Ätzflüssigkeit Widerstand leisten, wodurch die Ätzlösung zwischen dem säurebeständigen Korn einwirken kann. Durch Abdecken der gereinigten geätzten Stellen mit Abdecklack und durch Weiterätzen der restlichen Flächen können somit unterschiedliche Ton- und Farbabstufungen herausgearbeitet werden.

Im Frühjahr 1981 bearbeitet der Künstler die Figurenplatte (1. Platte) mit Aquatinta zur Akzentuierung und plastischen Gestaltung der gezeichneten Figuren (Abb. 23). Erst jetzt ist der Zeitpunkt für den endgültigen Druck gegeben, den Balzer mit der 1. Platte (im 3. Zustand) zusammen mit den beiden farbigen Hintergrundsplatten vollzieht (Abb. 19). Die endgültige Fassung zeigt in Anlehnung an die erwähnten Lithografien eine vielfigurige Komposition, die annähernd die gesamte Bildfläche bedeckt. Über der Abbreviatur einer nicht näher zu bestimmenden Landschaft tummeln sich zahlreiche Figuren unterschiedlicher Grösse scheinbar schwerelos vor einem in horizontalen Farbstreifen gegliederten Hintergrund. In gleichmässiger Anordnung entfernen sich die Figuren einem aufwärtsstrebenden Bewegungsimpuls folgend von einem den Ausgangspunkt bestimmenden Holzstück nach links und nach rechts. Gleichzeitig aufeinander zu- und voneinander wegbewegend, zugleich vorwärts und rückwärts in den Raum drängend, scheinen sie sich in der Unendlichkeit des nicht definierten Raumes zu verlieren. Allein die unterschiedliche Körpergrösse und ihr Verhältnis von Nähe und Distanz vermag die Koordinaten der einzelnen Figuren im Raum zu bestimmen. Vielleicht ist es die räumliche Unbestimmbarkeit und die augenscheinliche Ruhe der schwebenden Figuren, die einen Eindruck von Ortslosigkeit suggerieren. Der Eindruck der Ruhe erweist sich jedoch bei einer näheren Betrachtung als trügerisch. Die horizontale Farbgliederung des Hintergrunds, welche die ehemals monochrome Einfärbung ersetzt, evoziert Unruhe und vermeidet es, den Figuren Halt zu bieten. Zugleich bleibt die Stofflichkeit des Raumes unfassbar – ist es Luft oder Wasser oder eine uns unbekannte Materialität, mit der sich Vorstellungen von Traum und Vision verbinden lassen? Auf inhaltlicher Ebene werden dem aufmerksamen Betrachter kleine menschliche Dramen und Erzählungen vorgeführt. Auch wenn im Vordergrund zwei Figuren in schützender Umarmung Trost und Geborgenheit zu suchen scheinen, verrät ihre Gebärden- und Körpersprache einen Ausdruck des Leidens. Im Figurenreigen tummeln sich Gestalten unbekannter Identität; einzelne gehörnte Wesen, teilweise mit Dreizack und Pferdeschwanz ausgerüstet, erinnern an die dämonischen Wächter- und Tiergestalten in der Hölle. In ähnlicher Weise veranschaulichen am linken unteren Bildrand die mächtige Gestalt eines gesichtslosen Riesen mit gehörntem Haupt und das schwarze, katzenähnliche Tier am rechten Bildrand das Schauspiel des Höllentheaters.

Im Blatt «Ecce Homo» (Abb. 20) hingegen dominiert eine schwere männliche Figur im Vordergrund das Bildgeschehen. Mit ihrer herausragenden Grösse und Körperschwere akzentuiert sie den Bildaufbau und verdrängt die kleineren Figuren in den Hintergrund. Im Gegensatz zur Androgynität und fehlenden Gesichtsgestaltung der nackten Figuren verleihen Gesichts- und Körpergestaltung und ein Ansatz von Haupt- und Barthaar der Figur Züge einer männlichen Physiognomie. Im Vergleich zum geschlossenen Reigen im Blatt «Hexentanz», der einem ausweglosen und unaufhörlichen Tanz im Kreise gleicht, wird den Figuren in «Ecce Homo» mehr Raum zugesprochen. Scheinen die unzähligen kleinen Figuren im ersten Blatt in unerreichbare Ferne entrückt, bewegen sich hier die Figuren auf den Betrachter zu. Tanzenden Figuren gleich schweben aber auch diese schwerelos durch den Raum, während sich ihre Körper überschneiden oder gar durchdringen. Die Gestaltungsweise der Körper verrät einen subtilen Einsatz der Aquatintaätzung, mit Hilfe derer Tonabstufungen gewonnen und die differierenden Körpervolumina herausgearbeitet werden. Gleichwohl sich einzelne Figuren schwer vom Hintergrund abheben, sind andere wiederum von einer nahezu transparenten Körperhaftigkeit, die sich alsbald in Luft aufzulösen scheint.

Während die Arbeiten «Hexentanz» und «Ecce Homo» nicht explizit Bezug auf einen Gesang des Infernos nehmen, steht hingegen das Blatt «Pechsee» (Abb. 21) in engem Zusammenhang zu Dantes Text. So findet sich denn auch im 21. Gesang das Motiv des Pechsees, dessen klebrig-teerige Breimasse dem Künstler als Anregung für die Gestaltung dient: «[...] so brodelte hier unten ohne Feuer / durch Gottes Kunst ein dicker, klebriger Brei, / davon die Ufer überall klebrig wurden. / Ich sah den Brei und nichts darin als Blasen, / die kochend sich erhoben und sich blähten / und dann zusammensanken wie zerquetscht.»[13]

Folgt man dem Text, ist es die Stofflichkeit des Pechsees, d. h. die sinnliche Wahrnehmung eines Aggregatzustandes, die den Ausgangspunkt der künstlerischen Umsetzung bezeichnet. Dergestalt bestimmt die dunkle und schwere Materialität des Pechsees annähernd die Hälfte des Bildes. Die sich an den Ufern zu einer bedrohlichen Mauer auftürmende Masse drängt die dahinter liegenden Figuren in den Hintergrund. In der Struktur der Masse meint man die labyrinth-ähnlichen Verwachsungen der gezeichneten Holzstrukturen zu erkennen und gemäss Aussage des Künstler bildet eine frühere Zeichnung die Grundlage für die Gestaltung der brodelnden Masse des Pechsees. Der Druck des 1. Zustandes (Abb. 24) lässt denn auch dem Betrachter die verschlungenen Verläufe der organischen Krater- und Höhlenlandschaften in Erinnerung rufen, die sich unter dem Zeichenstift Balzers ver-

selbstständigt haben. In einem weiteren Schritt wird die Transparenz der Linien zugunsten eines Eindrucks der Schwere und Massigkeit aufgegeben, indem diese durch die Aquatintatechnik überdeckt werden, was den haptischen Eindruck des Breiigen und Klebrigen auch optisch erfahren lässt.

In Analogie zum Element des Holzstücks im Blatt «Hexentanz» wird hier im Gefüge des Bildaufbaus die materielle Struktur des teerigen Breies zum kompositionsbestimmenden bildnerischen Element. Während sich die Figuren im ersten Blatt reigenförmig und in konzentrischer Anordnung um das Stück Holz gruppieren, gewinnen die am Ufer stehenden Figuren ihre Gestalt aus der schweren Stofflichkeit des Sees, wodurch sie zu Gestaltungen und Transformationen des Materiellen selbst werden. Ihre dämonische Gestalt identifiziert sie mit den von Dante beschriebenen Wächterfiguren, welche die an die Oberfläche drängenden Verdammten mit Haken in den Pechsee zurückstossen. Diese der dunklen Masse entwachsenden Teufelsgenossen entsprechen weniger dem traditionellen abendländischen Teufelsbild, sondern erinnern in ihrer knorrigen und vogelähnlichen Gestalt vielmehr an die in Volkssagen und Märchen auftauchenden personifizierten Naturgewalten.[14] Handelt es sich bei der aufrecht stehenden Gestalt womöglich um ein Horn blasendes, wenn auch kopfloses Wesen undefinierbarer Gestalt oder um einen knorrigen, abgestorbenen Baumstumpf, der als Relikt einer vergangenen Zeit den Glauben an eine beseelte und belebte Natur versinnbildlicht? Nicht weniger teuflisch zeigt sich die Figur an seiner Seite, deren Gestalt vogelähnliche Bilder aus einer prähistorischen Zeit heraufbeschwört.[15]

Balzers Darstellung unterlässt es, die in der Dichtung geschilderte Bestrafung der Sünder ins Bild zu übersetzen, die sich – dem Text folgend – vergeblich aus der brodelnden Masse des Pechsees befreien müssen. In Balzers Totenreich bevölkern sie den Hintergrund, dessen polychrome Gestaltung einen Tiefenraum suggeriert, vor dem die Figuren halt- und schwerelos zu schweben scheinen. Die Schreibweise der homunculiähnlichen Figuren verrät eine flüchtige Handhabung des Metallstifts, die lediglich die Silhouette erfasst und die Binnenzeichnung nur schemenhaft andeutet. Allein die Aussparung der einzelnen Figur vor dem farbigen Hintergrund suggeriert einen Eindruck von Körperschwere. In bildlicher Analogie zum «Hexentanz»-Blatt scheint sich die körperliche Präsenz der «Pechsee»-Figuren zu einem kaum wahrnehmbaren Hauchkörper zu verflüchtigen, wobei die hageren, kaum proportionierten Gestalten gegenüber der durch die Aquatintaätzung bedingten Schwere der Wächter- und Dämonenfiguren zusätzlich an Körperhaftigkeit zu verlieren scheinen. Deren stelenartige Körper- und stereotype Kopfgestaltung mit der gelängten Schädelform und den weit aufgerissenen Augen bezeichnen diese als kaum wahrnehmbare, in sich gefangene Phantome oder ephemere Erscheinungen in Raum und Zeit. Fast körperlos, mit hochgezogenen Schultern und ausnahmslos nackt, stehen sie ohne jeglichen Schutz und ohne Bezug zueinander im endlosen Raum. Ihre Nacktheit widersetzt sich dem Akt als postulierte Kunstform, die einen ästhetischen Genuss verspricht. Der hier gezeigte menschliche Körper ist, bar jeglicher schutzbietenden Maskierung, dem Zustand der Entblössung und Haltlosigkeit ausgeliefert. Trotz der kompositionellen räumlichen Dichte stehen die Figuren in keinem sozialen Bezug zueinander. Die Verschränkung von Unbestimmbarkeit des Raumes und kompositioneller Verdichtung suggeriert einen unendlichen Bildraum. Das damit einhergehende bildnerische Paradox von Verdichtung und Unendlichkeit provoziert ein eigentliches Vakuum, das jegliche Form von Kommunikation verschluckt. Gleichermassen nah und in die Ferne entrückt, offenbart sich dem Betrachter eine Welt, die dem Traum und der Vorstellung näher zu sein scheint als der diesseitigen Realität.

Wie vorgängig zitiert, verfolgt der Künstler auf Grundlage der Divina Commedia die visuelle Umsetzung von persönlichen Ängsten «als Folge äusserer und innerer Bedrohung und Aggression». Balzers Existenz- und Lebensangst liessen sich vordergründig mit der Aufgabe der Lehrtätigkeit und dem damit verbundenen Verzicht auf ökonomische und soziale Sicherheit zugunsten einer Konzentration auf die eigene künstlerische Existenz in Verbindung bringen. Folgt man jedoch Balzers Arbeitsheften, die in Zusammenhang mit der Rezeption Dantes angelegt wurden, so fallen neben Textpassagen und Hinweisen zur griechischen und römischen Unterweltsmythologie und Volkssagen die zahlreichen, mit Anmerkungen versehenen Zeitungsartikel auf. Die hier gesammelten Presseartikel dokumentieren eine beklemmende Anthologie menschlicher Gewalt, die uns in Gestalt von Krieg, Kriminalität und Strafvollzug, sozialer Ungerechtigkeit und Arbeitslosigkeit, Beschneidung der Meinungsfreiheit, Rassismus und Umweltverschmutzung entgegentritt. Balzers Gefühl der Bedrohung gründet demnach auf der destruktiven Haltung des Menschen seiner sozialen Umwelt und dem natürlichen Lebensraum gegenüber, auf die er im Kontext seiner künstlerischen Rezeption von Dantes Inferno Bezug nehmen möchte. Insofern aber die Arbeiten die Darstellung der von Dante geschilderten Szenen der qualvollen Bestrafungen der Sünder vermeidet, muss deren inhaltlicher Bedeutungsgehalt auf anderem Wege erschlossen werden.

Bei der Beschreibung der Arbeiten wurde versucht, auf das Moment der räumlichen und sozialen Bezugslosigkeit der Figuren hinzuweisen, auch wenn die Dichte der vielfigurigen Komposition das Gegenteil vermuten liesse. Mit Ausnahme weniger narrativer Szenen menschlicher Begegnungen fehlen jegliche Anzeichen einer Interaktion. Die Körper berühren sich auch dort nicht, wo sie sich kompositionell überschneiden und ihr ausdrucksloser Blick ist, falls er nicht den Betrachter fixiert, in die Leere des Raumes gerichtet. Körperhaltung und Gebärdensprache hingegen verraten innere Erregung, die aber durch die räumliche Isolierung keine Anteilnahme finden kann und im luftleeren Raum verhallen muss. Für das seelische Erleben existiert offensichtlich keine Möglichkeit der direkten Kommunikation, weshalb es sich allein über die Expressivität des Körperlichen zu artikulieren vermag. Die hier vor Augen geführte Abwesenheit von Beziehungen und das Fehlen jeglicher Interaktion führen dem aufmerksamen Betrachter bildhaft das Leiden an der Isolierung des Einzelnen durch die Entfremdung von der Gemeinschaft vor Augen, die Balzer mittels einer expressiven Gebärden- und Körpersprache bildnerisch nach aussen trägt.

Zurück zu Dante, dessen Text und die damit verbundenen Vorstellungen und heraufbeschworenen Assoziationen dem Künstler Anregungen zur bildnerischen Formulierung ermöglichen. Für das Verständnis der Dichtung ist es von grundlegender Bedeutung zu wissen, dass der Dichter Dante bei der Schilderung der Pilgerreise durch die drei Jenseitsreiche als Geist des Mittelalters der scholastischen Konzeption von der Trennung von Leib und Seele folgt. Dieser theologisch-weltanschaulichen Vorstellung zufolge bedeutet der physische Tod die Befreiung der Seele vom Körper, wodurch ihr der Eintritt ins ewige Reich Gottes ermöglicht wird. Über das individuelle Schicksal der Seele im Jenseits entscheidet die irdische Lebensführung des Verstorbenen, d. h. der Mensch und sein Handeln. Kraft der ihm auf Grundlage des Glaubens zugesprochenen Selbstbestimmung und Selbstverantwortlichkeit verfügt der Mensch über die von Gott gegebene Fähigkeit, sich frei und willentlich für eine «rechte» oder «schlechte» Lebensführung zu entscheiden.[16] In diesem Sinne etabliert die Gerechtigkeit Gottes einen definitiven und unveränderlichen Zustand über den Verbleib der Seele im Jenseits, der die Realität des Diesseits reflektiert und alles Menschliche verewigt. Das an die gerechte Rechtssprechung Gottes gebundene Schicksal ist aber durch die Wahl der Lebensführung ein selbstverursachtes Schicksal, da dem Menschen durch sein Vermögen zur Selbstbestimmung die Eigenverantwortung von Schuld und Sünde überantwortet wird. Da aber durch die selbstbestimmte Wahl einer «schlechten» Lebensführung die moralische Verantwortung gegenüber Gott und der Gemeinschaft nicht eingelöst wird, geht der innere Zusammenhang zum Kollektiv verloren, was gleichzeitig die Entfremdung von Gott bedeutet und dem Sünder die Last einer «inneren Schuld» aufbürdet.[17]

Vor dem Hintergrund der mittelalterlichen weltanschaulichen Konzeption der Dichtung lassen sich die bildlichen Umsetzungen von Balzer dahingehend interpretieren, dass sie das Problem einer korrumpierten Ordnung vor Augen führen. Weniger mimetische Abbildung der menschlichen Gestalt, vergegenwärtigen die Figuren die lebendige Entäusserung einer inneren Befindlichkeit. Das in Körperhaltung und Gebärdensprache der Figuren zum Ausdruck gebrachte Leiden offenbart dergestalt ein (verinnerlichtes)

Leiden an einer vom Zerfall korrumpierten Gemeinschaft und an der Entfremdung von der Welt – innere und äussere Bezugslosigkeit als bildhafter Ausdruck von der Entfremdung von der Welt und von der eigenen Person bestimmen somit die Tragik in Balzers Arbeiten.

«Bilder aus dem Unbewussten»
Im Anschluss an die Radierungen entsteht im Winterhalbjahr 1981/82 ein grösserer Zyklus von Farbmonotypien, die sich hinsichtlich der formalen Figurengestaltung an die Dante-Folge anlehnen, auf inhaltlicher Ebene jedoch die Textvorlage hinter sich lassen. Das sich selbst im Anschluss an die Beschäftigung mit der frühchristlichen Malerei in den Katakomben Roms auferlegte Postulat, Gefühlsregungen mittels Gebärden- und Körpersprache Ausdruck zu verleihen, bestimmt auch hier die künstlerische Strategie. Wie nachstehende Worte von Balzer zeigen, kündigt sich auf der Ebene der Bildfindung Neues an: «Neben dem Katakombenerlebnis steht meine Auseinandersetzung mit Dantes Unterwelt in seiner Divina Commedia. In der Vision des Inferno ist mir bewusst geworden, dass diese gewaltigen Bilder der qualvoll leidenden Seelen mit dem Menschen des 20. Jahrhunderts, mit den zerstörerischen Kräften, der Aggression, der Gewalt, der äusseren und inneren Bedrohung und deren Auswirkung: der Angst, in Beziehung stehen. Die menschliche Psyche ist Inferno und Paradies zugleich; und so versuche ich, aus ihr und aus dem Unbewussten heraus zu einer neuen Aussage in meinen Bildern zu gelangen.»[18]

«Bilder aus dem Unbewussten» bezeichnet eine Serie von Farbmonotypien (Abb. 25–32), zu deren Titelgebung der Künstler in einem Interview in der Bündner Zeitung erklärt, dass er bei der Entstehung der Bilder an nichts Bestimmtes gedacht, sondern vielmehr der Assoziation freien Lauf gelassen habe.[19] Balzers Worte beschreiben also einen Prozess der Bildfindung, bei dem das persönliche Unbewusste beim Aufspüren des Unsichtbaren und geheimnisvoll Unergründlichen zu einem Bild bestimmenden Gestaltungsmedium wird, das die «ungegenständliche Natur» von Emotionen, Assoziationen und inneren Bildern in materielle Bilder überführt.[20]

Führen wir uns nochmals Balzers Zeichnungen und Radierungen organischer und anorganischer Gegenstände vor Augen, bei deren Darstellung der Künstler über das Sichtbare hinaus zeichnerisch in die Gegenstände vordringt, um sich auf diesem Weg von der sichtbaren Oberfläche der Natur abzukehren und sich einem introspektiven Bildfindungsprozess zu überlassen. Diese ersten Anzeichen einer nach innen gerichteten Gestaltungsstrategie finden im (räumlichen) Absteigen in das Höhlensystem der Katakomben und in der literarisch-geistigen Auseinandersetzung mit der unterweltlichen Höllenvision bei Dante eine Parallele. Und liesse sich die inhaltliche Auseinandersetzung mit den «einfachen, menschlichen Themen», die er in der frühchristlichen Ikonografie zu finden glaubt, und mit der Dichtung Dantes, die den grundsätzlichen Fragen des Menschseins folgt, nicht als eine Vorwegnahme oder Vorbereitung von Balzers Suche nach dem Ursprünglichen lesen? Die Kunst von Mathias Balzer will die Grenze des Sichtbaren überschreiten, da er dem Schein der Dinge keinen Glauben schenkt und er hinter dieser Grenze das Essentielle, Einfache und Ursprüngliche zu suchen (und finden) glaubt. Die an den innenpsychischen Bereich des Unbewussten überantwortete Funktion der Gestaltung verdeutlicht eine künstlerische Strategie, welche das Werden und Wachsen, Suchen und Verändern im schöpferischen Prozess der Bildfindung betont. Diese Arbeitsstrategie erklärt womöglich auch Balzers Vorliebe für die Bildfolge, die ihm erlaubt, ein einzelnes Thema in seinen formalen und inhaltlichen Variationen über mehrere Einzelblätter zu erforschen, zu entdecken, zu verändern und zu intensivieren.

Schöpferischer Gestaltungsprozess und Bildfindung sind denn auch Aspekte, die der Künstler bereits Jahre zuvor in einem Text dargelegt hat. In seiner damaligen Funktion als Zeichenlehrer an der Mittelschule Chur vertritt er die Auffassung einer Kunsterziehung, welche die Entfaltung der individuellen schöpferischen Eigenschaften unterstützen soll.[21] Bereits im Jahre 1970 fordert der junge Zeichenlehrer auf Grundlage seiner Beschäftigung mit pädagogischen Theorien aus Philosophie, Kunstpädagogik und Kunstwissenschaft eine Form der Kunsterziehung, die das subjektive Erleben und Empfinden im schöpferischen Gestaltungsprozess berücksichtigt und gezielt fördert. Balzers Engagement für eine bewusste Konzentration auf den bildnerischen Gestaltungsprozess als eine «Auseinandersetzung im Wechselspiel des Innern und der äusseren Wirklichkeit»[22] nimmt hier bereits die spätere Gestaltungsstrategie des Künstlers vorweg. Somit werden die bereits früh formulierten theoretischen Prämissen einer ganzheitlichen Kunsterziehung mit der Arbeit an der Dante-Bildfolge in ähnlicher Weise künstlerisch eingelöst, indem der schöpferische Prozess des bildhaften Gestaltens dem Gefühl und der Phantasie überantwortet wird. Insofern Mathias Balzer bei seiner künstlerischen Arbeit den Prozess der Bildfindung den gestaltenden Kräften des Unbewussten überantwortet und man um seine kulturgeschichtliche und geisteswissenschaftliche Lektüre weiss, erstaunt die hier einsetzende Beschäftigung mit den Schriften eines prominenten Experten des menschlichen Unbewussten keineswegs. In der tiefenpsychologischen Theorie des Unbewussten des Schweizer Psychologen und Psychoanalytikers Carl Gustav Jung (1875–1961) findet der Künstler denn auch ein theoretisches Äquivalent für die eigene introspektive Suche nach Bildern.[23]

In Abgrenzung zur Verdrängungstheorie seines Lehrers Sigmund Freud (1856–1939) bilden für C.G. Jung bewusste Wahrnehmung und unbewusste seelische Vorgänge zwei gegensätzliche und aktive Funktionskomplexe der menschlichen Psyche. Dem jungschen Gesetz der psychischen Energetik zufolge wird im dynamischen System der psychischen Topografie das Potential gegensätzlicher Eigenschaften jedoch nicht aufgehoben, sondern vielmehr mittels der wirkenden psychischen Energie vereinigt, wodurch die in ihren Eigenschaften differierenden Funktionsbereiche Bewusstsein und Unbewusstes sich gleichzeitig ergänzen.[24] Stellt man nun Balzers «Bilder aus dem Unbewussten» in Zusammenhang zur jungschen Tiefenpsychologie, dokumentieren seine Darstellungen materiell gewordene Gestaltungen der unbewussten Inhalte, die dem Bewusstsein in Form von Bildern zugeführt werden. Der schöpferische Prozess der Bildfindung (oder vielmehr der Bildentäusserung) besteht hiermit in einer Belebung der im Unbewussten ruhenden Inhalte – «Vergessenes, Verdrängtes, unterschwellig Wahrgenommenes, Gedachtes und Gefühltes»[25] der persönlichen und kollektiven Existenz. Die Bilder verweisen als Abbildungen dieser Inhalte auf lebendige seelische Vorgänge ausserhalb der Bewusstseinsebene, die auch in Form von Phantasien, Träumen und Visionen übertragen werden können und ausserhalb der Kategorien von Raum und Zeit stehend keiner Kausalität unterworfen sind.

Bei folgender Betrachtung der Farbmonotypien gilt es, mit dem Einbruch des Irrationalen zu bedenken, dass sich die auf imaginativem Wege formenden Inhalte letztendlich nicht auf der rationalen Ebene unserer Begrifflichkeit erklären lassen. Die materiell gewordene Bilderwelt entzieht sich der ihr eigenen (Bild-) Sprache und Gesetzlichkeit wegen einer letzten rationalen Sinndeutung. Die materiell gewordenen Inhalte der schöpferisch psychischen Schreibweise können folglich nur entziffert werden, wohingegen die Klärung ihrer Bedeutung mangels Kenntnisse der Tiefenpsychologie hier nicht angestrebt werden soll.

Bereits ein erster Blick auf die vielfigurigen Kompositionen der insgesamt 18 Farbmonotypien umfassenden Bildfolge führt dem Betrachter die zeitliche Nähe zu den Dante-Arbeiten vor Augen. In gleicher Weise manifestieren Körper- und Gebärdensprache die bildnerische Expressivität der Figuren, die durch die Anwendung der Farbe noch gesteigert wird. Entgegen dieser formalen Verwandtschaft verraten einzelne Blätter eine Weiterentwicklung hinsichtlich der Formulierung der menschlichen Figur, zumal bereits durch die Wahl der technischen Umsetzung in die malerische Technik der Monotypie eine andere Ausdrucksqualität angestrebt wird. Während die Technik der Radierung die Konzentration auf die lineare, zeichnerische Gestaltung der einzelnen, voneinander abgesetzten Figurensilhouetten ermöglicht hat, verraten die Monotypien einen spontanen malerischen Duktus. Sind die hageren Figuren mit der Radiernadel bewusst gezeichnet und platziert, zeigt die malerische Gestaltung der Figuren Dynamik und Erregung. Die Ausdrucksqualität der Radiertechnik hat denn auch eine klare Trennung von Figur und Hintergrund zur Folge, wohingegen die Monotypie deren Auflösung bedeutet. Nicht mehr die Linie, sondern die Farbe ist hier Struktur bestimmendes Element der Komposition und gleichzeitig auch der Figurengestaltung, wo die Volumina der Figur nicht in Folge von Aussparung oder polychromer Bemalung formuliert wird. Unter dem Auge des Betrachters verdichtet sich alles zu einem einzigen organischen Ganzen, in dessen Gefüge die Grenzen zwischen Figur und Hintergrund unscharf erscheinen. Der vollständigen gegenseitigen Durchdringung tritt jedoch die oftmals harte und dunkle Konturzeichnung entgegen, mit Hilfe derer die einzelnen Körper aus dem Hintergrund herausgemalt werden. Während in den Radierungen die Kontur der fragilen Körper durch eine mehr oder weniger geschlossene Linie eingefangen wird, erinnert hier die Skizzenhaftigkeit der Figuren an ein Aufspüren der menschlichen Silhouette im und aus dem flimmernden Hintergrund. Das Nebeneinander und Übereinander fragmentarischer Linien verraten abermals Balzers Intention der Suche nach der Form – wenn auch nicht im Sinne der «richtigen Form» wie in den Objektzeichnungen der siebziger Jahre. Indem der Stift ansetzt, wieder absetzt, eine bereits begonnene Linie unterbricht, eine andere überlagert oder umkreist, zeichnet er auf, hält fest und registriert. Balzers Suche nach Formen und Volumina zeigt sich nicht nur in der Flüchtigkeit der skizzierten Linie, sondern ist Ausdruck einer emotional motivierten Bewegung, dergestalt die heraufbeschworene Bilderwelt zu einem Psychogramm innerer Befindlichkeit wird. Psychische Energie und emotionale Bewegung begründen folglich eine Dynamisierung der Linie und den Eindruck von Unruhe und Erregung, die beide massgeblich den bildnerischen Fluss des Werdens und Auflösens bestimmen. Sind es die züngelnden Flammen eines Höllenfeuers, die in gewundenen Formverläufen die Bildfläche bedecken? Handelt es sich um einen Feuerregen oder vielmehr um einen tosenden Höllenwirbel, der die aufrecht stehenden Figuren oder die seltsam amorphen Wesen beinahe zu verschlucken droht?

In ähnlicher Weise bestimmt das organische Formenvokabular die Körpergestaltung der Figuren. Im Vergleich zu den zumeist hageren Gestalten der dantesken Hölle haben sie hier merklich an Körpergrösse und plastischer Körperschwere gewonnen, wodurch die Distanz zum Betrachter verringert wird. Auffallend die gerundeten Gesässformen, die schweren Oberschenkel, die nicht mehr den stelenähnlichen, dünnen Figuren in den Radierungen gleichen wollen. In ihrer üppig-prallen Körperfülle gleichen sie vielmehr chthonischen Gestalten als sublimen, körperlosen Wesen.

In der Verwendung der Farbe beschränkt sich Balzer vorwiegend auf die drei Grundfarben Gelb, Rot und Blau, die in unterschiedlichen Kombinationen – mit Vorliebe von Rot und Blau – auftauchen.[26] Innerhalb dieser Farbpalette wird der Farbe Rot, insbesondere bei der Hintergrundgestaltung und der Bezeichnung von Figuren, eine wichtige Funktion zugewiesen. Neben der Präferenz für ein sattes Zinnoberrot zeigt sich die Tendenz zur mehrfachen Überlagerung einzelner Farbschichten, was eine Verdunkelung ehemals intensiver Farben zur Folge hat. Die Verwendung von unterschiedlichen Rottönen suggeriert zugleich eine latent warme Wirkung, die ihrerseits die Vorstellung von Feuer heraufbeschwört – bekanntlich wird der Farbe Rot seit jeher ein magischer Zauber zugeschrieben, weshalb sie nachgerade die geheiligte Natur und den göttlichen Leib bezeichnet.

Im Vergleich zur Immobilität der Körperhaltung der meisten Dante-Figuren überrascht hier die Grazilität und Eleganz einzelner Figuren, die sich trotz ihrer Körperschwere mit beinahe tänzerischer Leichtigkeit über die Bildfläche zu bewegen scheinen. Gleichwohl erinnert die in manieristischer Körperhaltung und in einem langen, leichtgewirkten Gewand dargestellte Figur an das Bild der tanzenden Salome (Abb. 28). Bei genauerer Betrachtung ist jedoch zu erkennen, dass sie nicht den Kopf Johannes des Täufers (oder denjenigen der vor ihr stehenden Figur), sondern ihren eigenen in den Händen hält. Kopflose Gestalten sind denn auch nicht selten in dieser Welt des Traumes und der Phantasie anzutreffen – sind es kopflose Gestalten im wahrsten Sinne des Wortes, die blind und bar jeglicher Vernunft orientierungs- und haltlos umherwandeln?

In einigen Blättern rufen die vielfigurigen Kompositionen den Eindruck ritueller Beschwörungen aus dunklen, längst vergangenen Zeiten hervor. Nehmen wir womöglich Anteil an der Aufbahrung eines Verstorbenen, um dessen Lager sich schwebende Figuren mit starren, totenähnlichen Gesichtszügen nähern, während andere Gestalten wehklagend der Zeremonie im Hintergrund beistehen (Abb. 27)? Oder wird in einem anderen Blatt die Darbringung eines weiteren Toten dargestellt, wobei die kopflose, hell gewandete Figur mit spindeldürren Armen den rituellen Akt des Zeigens vollführt (Abb. 28)?

In diesen Darstellungen archaisch anmutender Beschwörungsszenen tritt in den meisten Blättern ein Kompositionsschema zutage, das sich als eine Figur des Wirbels umschreiben liesse. Es handelt sich hierbei um eine Anordnung von zumeist nach rechts gewandten Figuren, die mit nach oben gerichteten Armen entweder einer (für uns Betrachter unsichtbaren) Stelle am oberen rechten Bildrand zugewandt sind oder sich dieser zu nähern scheinen, wobei die in der Körperhaltung zum Ausdruck kommende Bewegungsrichtung eine die Bildfläche von links unten nach rechts oben durchziehende Diagonale beschreibt. In ähnlicher Weise verrät der Bildaufbau infolge der Platzierung zahlreicher grösserer Figuren eine Akzentuierung der rechten Bildhälfte, während eine die vertikale Mittelachse bestimmende frontale Figur die Kompositionsachse definiert, auf welcher die übrigen Gestalten ausgerichtet sind (Abb. 31). In den meisten Blättern findet sich dieses Prinzip der Exponierung einer einzelnen Figur, um welche das Geschehen der Darstellung sowohl kompositionell als auch inhaltlich «kreist». Der dadurch hervorgerufene Eindruck eines «kreisenden Raumes» bedeutet den Zusammenbruch der räumlichen Verhältnisse, infolgedessen keine Richtung und kein Ziel mehr gegeben sind. Die durch die Strudelbewegung bedingte Verdichtung der Figurenkomposition hat ferner eine Verschleierung objektiver Proportionen und Distanzverhältnisse zur Folge, wodurch die Perspektive als objektiv-wahrnehmbare Grösse aufgehoben wird. Durch die Negation der Perspektive entzieht sich der Bildraum denn auch dem Postulat der Verständlichkeit, der nur noch über die sinnliche Wahrnehmung erfasst werden kann. Die Betrachtung wird folglich zu einem inneren Erlebnis, wodurch der zu betrachtende Bildraum in einen Innenraum verwandelt wird. Der Betrachter nimmt somit Anteil an der inneren Vision des Künstlers, die er zwar auf rationalem Wege nicht nachvollziehen kann, aber auf einer sinnlichen Ebene dennoch wahrnehmbar wird. Gleichsam ist in diesem Zustand der Innerlichkeit der verbindliche Raum-Zeit-Begriff aufgehoben und daher dem Gesetz der Kausalität entzogen. So wie der Standort des Betrachters unbestimmt zwischen mehreren Möglichkeiten der Betrachtung oszilliert und dadurch eine räumliche Desorientierung provoziert wird, kreisen die Figuren in einem scheinbar endlosen Neben- und Übereinander. Die Bezugslosigkeit der Figuren erinnert an die einsamen, auf sich zurückgeworfenen Seelen in den Dante-Arbeiten. Und dennoch – auch wenn die expressive Gebärdensprache der Figuren aus dem Unbewussten von Verzweiflung und Zerrissenheit erzählt, die seltsamen dämonischen Gestalten ein Gefühl des Unheimlichen, Unerklärlichen hervorrufen, vermag aus dem unheilvollen Dunkel das tänzerische Leichte, das Bedürfnis nach Erhellung durchzudringen: «Lauterkeit in Farbe und Komposition durchzieht diese Bilder. Ist sie es, die durch ihre Gegenwart, selbst wo angsteinflössend Dämonisches, Höllisches dargestellt wird, neben die Verzweiflung immer auch eine Hoffnung setzt, einen Beweis für die Existenz des Guten?»[27]

Im künstlerischen Schaffen von Mathias Balzer beschliesst der Zyklus «Bilder aus dem Unbewussten» eine Werkphase, deren Ausgangspunkt die zeichnerische Erfassung eines Gegenstandes ist. Nach jahrelanger Auseinandersetzung mit den Linien- und Formverläufen der sichtbaren Wirklichkeit, die Balzer selber als ein «Ringen um die richtige Form» beschreibt, drängt sich der Wunsch nach einer unmittelbaren und spontanen Ausdrucksqualität des Bildvokabulars auf. Unter dem Einfluss seiner Beschäftigung mit antiken und frühchristlichen Kunstdenkmälern in Rom und der Hinwendung zur malerischen Drucktechnik der Monotypie vollzieht Mathias Balzer die künstlerische Abkehr von der sichtbaren Natur.

Wie anhand ausgewählter Bildfolgen gezeigt wurde, entwickelt sich bei Balzer eine neue Schaffensphase jeweils inhaltlich und formal auf der Grundlage von Erfahrungen und Einsichten, die der Künstler im Gestaltungsprozess vorhergehender Arbeiten gewonnen hat. Das aus den «Bilder aus dem Unbewussten» geschöpfte Erfahrungspotential liegt in der materiellen Entfaltung verborgener Inhalte und Emotionen, die im schöpferischen Prozess in Bilder übersetzt werden. In der Theorie des Unbewussten von C. G. Jung, die auf dem Grundsatz der psychischen Totalität bewusste und unbewusste Wirklichkeitsebenen miteinander verbindet, bedeutet dieser Prozess der Bewusstwerdung einen wichtigen Aspekt für die Aufgabenstellung und Zielsetzung der Analytischen Psychologie. Dem Postulat der Erreichung der Ganzheit der Persönlichkeit zufolge manifestiert sich die Entwicklung der individuellen Persönlichkeit über die Bewusstwerdung unbewusster vergessener, verdrängter oder kompensierter Inhalte, die dazu führt, sich schrittweise dem inneren Kern der Psyche, dem Selbst anzunähern. Von der jungschen Terminologie als Prozess der Individuation bezeichnet, bedeutet Selbstwerdung die Entfaltung und Verwirklichung bereits angelegter psychischer Dispositionen, die uns erkennen lassen, «was man von Natur aus ist, im Gegensatz zu dem, was man sein möchte».[28] Insofern die Bewusstwerdung vergessener oder verdrängter Inhalte das Bild von unserem Selbst ergänzen und erweitern, vergegenwärtigen der schöpferische Prozess der introspektiven Bildfindung in den Arbeiten «Bilder aus dem Unbewussten» und die künstlerische Formgebung zu einer organisch-ästhetischen Ganzheit Balzers Suche nach dem eigenen Selbst, die Aufgabe und Ziel zugleich bedeutet. Aufgabe, als dass sie einen Weg zur inneren Wirklichkeit aufzeigen und Ziel im Sinne der Befähigung zur Bewusstseinserweiterung, die den Künstler verborgene Inhalte seiner Persönlichkeit erfahren lassen.

Selbstwerdung und Bewusstwerdung in der Anerkennung gegensätzlicher Bereiche benennen zwei grundlegende Aspekte der künstlerischen Haltung von Mathias Balzer, die auch den weiteren Verlauf des Werks bestimmen. In ähnlicher Weise wie Dante dem Leser in den Begegnungen mit den Verdammten im Höllenreich Gottes Erkenntnisse über die menschliche Natur offenbart, sind in der introvertierten Ausrichtung der Kunst von Mathias Balzer Elemente einer Suche nach Identität zu erkennen. Inwiefern sich dieser künstlerische Weg als eine Suche nach dem Ursprünglichen gestaltet, wollen die folgenden Werkbetrachtungen aufzeigen.

¹ Die Entscheidung für die Existenz als freischaffender Künstler vollzieht sich in mehreren Schritten. Im Winter-/Frühjahrssemester 1968/69 bezieht Mathias Balzer den ersten unbezahlten Urlaub. Ab 1975 ermöglicht die regelmässige Übernahme von Teilpensen eine intensivere Konzentration auf die eigene künstlerische Arbeit. Im Sommer 1979 dann leitet die Beurlaubung vom Schuldienst den definitiven Austritt aus dem Lehramt auf Ende Schuljahr 1979/1980 ein, welcher durch den zur selben Zeit vollzogenen beruflichen Wiedereinstieg seiner Ehefrau ermöglicht wurde.

² Bei diesem Druckverfahren wird die Zeichnung entweder direkt mit der Druckfarbe (oder Druckerschwärze) auf die Druckplatte, meistens eine Glasplatte oder andere nicht saugende Bildträger, aufgetragen, wobei sich von der aufgetragenen Zeichnung ein Abdruck auf Papier oder auf einem anderen Druckträger herstellen lässt, der als seitenverkehrte Darstellung erscheint. Bei dem von Balzer gewählten Verfahren wird eine Glasplatte mit Druckerschwärze, Linoldruckfarbe oder Ölfarbe mittels einer Gummiwalze eingefärbt, ein Papier auf die Platte gelegt, auf dessen Rückseite die Zeichnung oder Farbe abgerieben wird. Die auf der Glasplatte erscheinende Zeichnung ist im Negativ zu sehen und lässt sich wiederum auf ein neues Blatt abreiben.

³ Es handelt sich hierbei um fotografische Reproduktionen (A4-Format) der wichtigsten frühchristlichen Katakombenanlagen, deren ausgemalte Grabkammern Darstellungen der Auferstehung zeigen. Die schwarzweissen Fotografien werden in der Fotothek der Bibliotheca Hertziana in Rom archiviert, zu welcher Mathias Balzer durch die Vermittlung eines ihm bekannten deutschen Studenten Zugang bekam.

⁴ Balzer, Tagebucheintrag Rom, 13. Februar 1980.

⁵ Diese ersten Lithografien von Mathias Balzer entstanden im Jahre 1980 während eines einwöchigen Lithografiekurses im Schulhaus Marsöl unter Leitung von Markus Dulk, der mit Hilfe der Instandsetzung einer alten Churer Steindruckpresse durch die Teilnehmer des Kurses ermöglicht wurde. Die Steindruckpresse wird zu einem späteren Zeitpunkt zur gemeinschaftlichen Nutzung in der Lithografie- und Radierwerkstatt in der Galerie Aquasana in Chur installiert und steht seit 1999 in der Lithographie- und Radierwerkstatt auf Schloss Haldenstein.

⁶ Dante Alighieri, Die Göttliche Komödie, aus dem Italienischem von Karl Vossler, Luzern (ohne Jahresangabe). Balzers Beschäftigung mit der Divina Commedia konzentriert sich nur auf die Gesänge des unterweltlichen Inferno. Dantes Weg durch die beiden anderen Jenseitsreiche Purgatorio und Paradiso unter der geistigen Führung des Dichters Vergils ist folglich nicht Gegenstand der Betrachtung.

⁷ Vgl. Arbeitshefte «Notizen zu Dantes Höllenvisionen» 1981/1982 und «Dante (Divina Commedia)», 1981/1982/1986 (ohne Paginierung).

⁸ In der Vorstellung des Menschen werden Höhlen (und Grotten) – in etymologischer Verwandtschaft zur Hölle – mit ambivalenten Bildern des Todes und der Wiedergeburt verbunden. Als magischer Ort des Dunkels und geheimer Kräfte lauern in ihnen Gefahren, sie bieten aber auch Schutz und zeigen religiöse Offenbarungen. Den Göttern und Dämonen und anderen Gestalten der menschlichen Phantasie dienen sie als Geburts- und Wohnstätte, beherbergen aber auch Gräber und können den Abgrund alles Lebendigen bedeuten. Vgl. dazu Hermann Kirchhoff, Urbilder des Glaubens. Haus-Garten-Labyrinth-Höhle, München 1988, S. 9ff.

⁹ Zit. nach einer Notiz von Balzer in: Arbeitsheft «Notizen zu Dantes Höllenvisionen», wie Anm. 7.

¹⁰ Dantes Pilgerreise durch die drei Jenseitsreiche folgt unter Berücksichtigung strenger Formgesetze einer moralisch-göttlichen Ordo-Vorstellung von der Welt, die ihrerseits nach einem rigorosen moralisch-theologischen, kosmischen und historisch-politischen Konzept gestaltet ist. Bei der räumlichen Konzeption der Hölle folgt der Dichter dem von Aristoteles in der Nikomachischen Ethik (VII, 1) begründeten System der drei Stufen des sittlichen Niedergangs, das dem Dichter durch die Vermittlung scholastischer Schriften, insbesondere durch das Werk Thomas von Aquins (1224/25–1274) bekannt war. Der aristotelisch-thomistischen Systematik zufolge gliedert sich der Sündenkatalog dreistufig: incontinenza (Masslosigkeit), malizia (Bosheit) und matta bestialidade (Tierheit), denen Dante die Hauptsünden des kirchlichen Katalogs zu-, resp. unterordnete. Zur Ordo-Konzeption bei Dante vgl. Erich Loos, Der logische Aufbau der «Commedia» und die Ordo-Vorstellung Dantes, in: Abhandlungen der Akademie der Wissenschaften und der Literatur. Geistes- und Sozialwissenschaftliche Klasse, Nr. 2, München 1984, S. 3–26, hier S. 6ff.

¹¹ Eine genaue Darstellung des Arbeitsvorganges beschreibt ein handgeschriebener Eintrag von Balzer in: «Notizen zu Dantes Höllenvisionenen», wie Anm. 7.

¹² Die vom Ehepaar Balzer-Casper 1963 erworbene und in den folgenden Jahren ausgebaute Alphütte wird für jeweils mehrere Monate im Jahr zu einem Ort des Rückzugs.

¹³ Inferno 21, 16–21.

¹⁴ Für den mit der Natur verbundenen Künstler bedeuten Glaubensvorstellungen an eine beseelte Natur und an das Wirken von Naturkräften in Wasser, Feuer, Stein und Bäumen ein Faszinosum, welches er in den Mythologien der Alten Welt und den heimatlichen Volkssagen vorfindet. So z. B. in Christian Caminada, Die verzauberten Täler. Die urgeschichtlichen Kulte und Bräuche im Alten Rätien, Olten/Freiburg B. 1961.

¹⁵ Die Figur des vogelähnlichen Dämons taucht erneut als Bildmotiv in einer 1985 entstandenen Folge von Monotypien zum Thema Waldsterben auf.

¹⁶ Die hier angeführten Erörterungen bieten lediglich eine knappe Zusammenfassung der Anthropologie Dantes. Vgl. dazu Hans Leisegang, Die Anthropologie in Dantes Divina Commedia, in: Deutsches Dante-Jahrbuch, Nr. 27, Köln 1948, S. 16–42. In seinem Aufsatz arbeitet Leisegang sowohl Analogien als auch Differenzen zu der in Politeia X, 614 Bff. formulierten platonischen Anthropologie heraus.

[17] Zum Begriff der Schuld vgl. R. Glei/M. Ritter/M. Laarmann/J. Köhler, s.v. Schuld, in: Joachim Ritter, Karlfried Gründer (Hrsg.), Historisches Wörterbuch der Philosophie, Bd. 9, Basel/Stuttgart 1971, Sp. 1442–1472, siehe insbesondere Laarmann, II. 2. Neues Testament und Patristik, Sp. 1448ff.

[18] Balzer, in: GSMBA-Graubünden, siehe Einführung, Anm. 6 (Hervorhebungen durch die Verf.).

[19] Vgl. dazu ke, «Bilder aus dem Unbewussten»: Mathias Balzer stellt aus, Interview in: Bündner Zeitung, Chur, 23. April 1982.

[20] Bereits Leonardo da Vinci beobachte den oben beschriebenen Weg der introspektiven Bildfindung, die sich im Surrealismus als «Dessin automatique» und «Frottage» etablieren konnte.

[21] Mathias Balzer, Grundsätzliche Überlegungen über Sinn, Zweck, Ziel und erzieherische Funktion des Kunstunterrichts, in: Schweizerische Lehrerzeitung. Organ des Schweizerischen Lehrervereins, Sondernummer Zeichnen und Gestalten der GSZ (Gesellschaft Schweizerischer Zeichenlehrer), Nr. 43, Zürich 1970, S. 1432–1436. Bei der Formulierung seiner Überlegungen beruft sich Mathias Balzer u.a. auf Theorien von Martin Buber (jüd. Religionsphilosoph, 1878–1965), Herbert Read (engl. Kunsthistoriker, 1893–1968) und Johannes Itten (Schweizer Maler und Lehrer am Bauhaus, 1888–1967).

[22] Mathias Balzer, Bedeutung des bildhaften Gestaltens innerhalb der Mittelschule, Manuskript, Haldenstein 1970, S. 3.

[23] Als Oberassistent an der psychiatrischen Universitätsklinik Zürich Burghölzli beginnt C. G. Jung im Jahre 1902 mit der Erforschung von unbewussten Vorgängen in der menschlichen Psyche. Die aus den Untersuchungen hervorgehenden Ergebnisse werden 1904 und in Folge 1910 veröffentlicht und erstmals im Jahre 1916 im Aufsatz «La structure de l'inconscient» in zusammenfassender Form vorgestellt. Vgl. dazu C.G. Jung, Die Beziehungen zwischen dem Ich und dem Unbewussten, in: Zwei Analytische Schriften zur Psychologie, Gesammelte Werke, Bd. 7, Olten/Freiburg B. ^{4}1989, S. 129–247, S. 130.

[24] «Gegensätze sind extreme Eigenschaften eines Zustandes, vermöge welcher letzterer als wirklich wahrgenommen werden kann, denn sie bilden ein Potential. Die Psyche besteht aus Vorgängen, deren Energie dem Ausgleich verschiedenster Gegensätze entstammen kann». C.G Jung, Theoretische Überlegungen zum Wesen des Psychischen, in: Dynamik des Unbewussten, Gesammelte Werke, Bd. 8, Zürich/Stuttgart 1967, S. 185–261, S. 233.

[25] C. G. Jung, Definitionen, in: Psychologische Typen, s.v. Unbewusste, Gesammelte Werke Bd. 6/2, Solothurn/Düsseldorf ^{17}1994, S. 517–520, § 842, S. 519.

[26] Nur in wenigen einzelnen Blättern wird die Palette der Grundfarben durch die Verwendung der Farben Grün oder Schwarz erweitert.

[27] --, «Einzug der Farbe in seine Werke», in: Bündner Tagblatt, Chur 29. April 1982.

[28] Jolande Jacobi, Die Psychologie von C. G. Jung. Eine Einführung in das Gesamtwerk mit einem Geleitwort von C. G. Jung, Frankfurt a. M., ^{2}1998, S. 132.

Abb. 16 Orans-Figur (Katakombenstudie), 1980
Abb. 17 Rettung aus dem vom Sturm bedrohten Schifflein (Katakombenstudie), 1980

Abb. 18 Marsöl V, 1980

Abb. 19 Hexentanz (Dante – La Divina Commedia), 1980/1981

Abb. 20 Ecce Homo (Dante – La Divina Commedia), 1980/1981

Abb. 21 Pechsee (Dante – La Divina Commedia), 1981

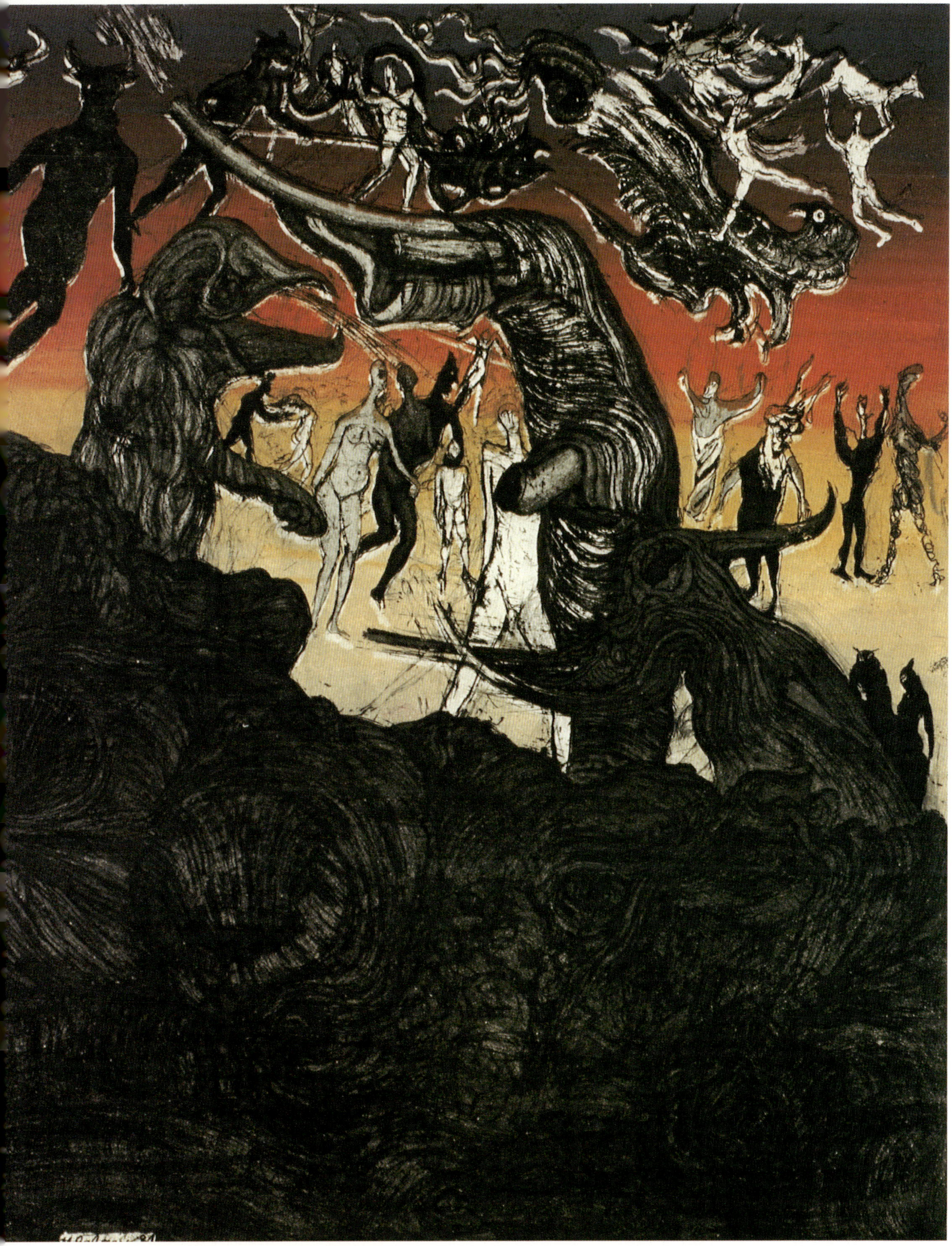

Abb. 22 Hexentanz (Dante – La Divina Commedia), 1980

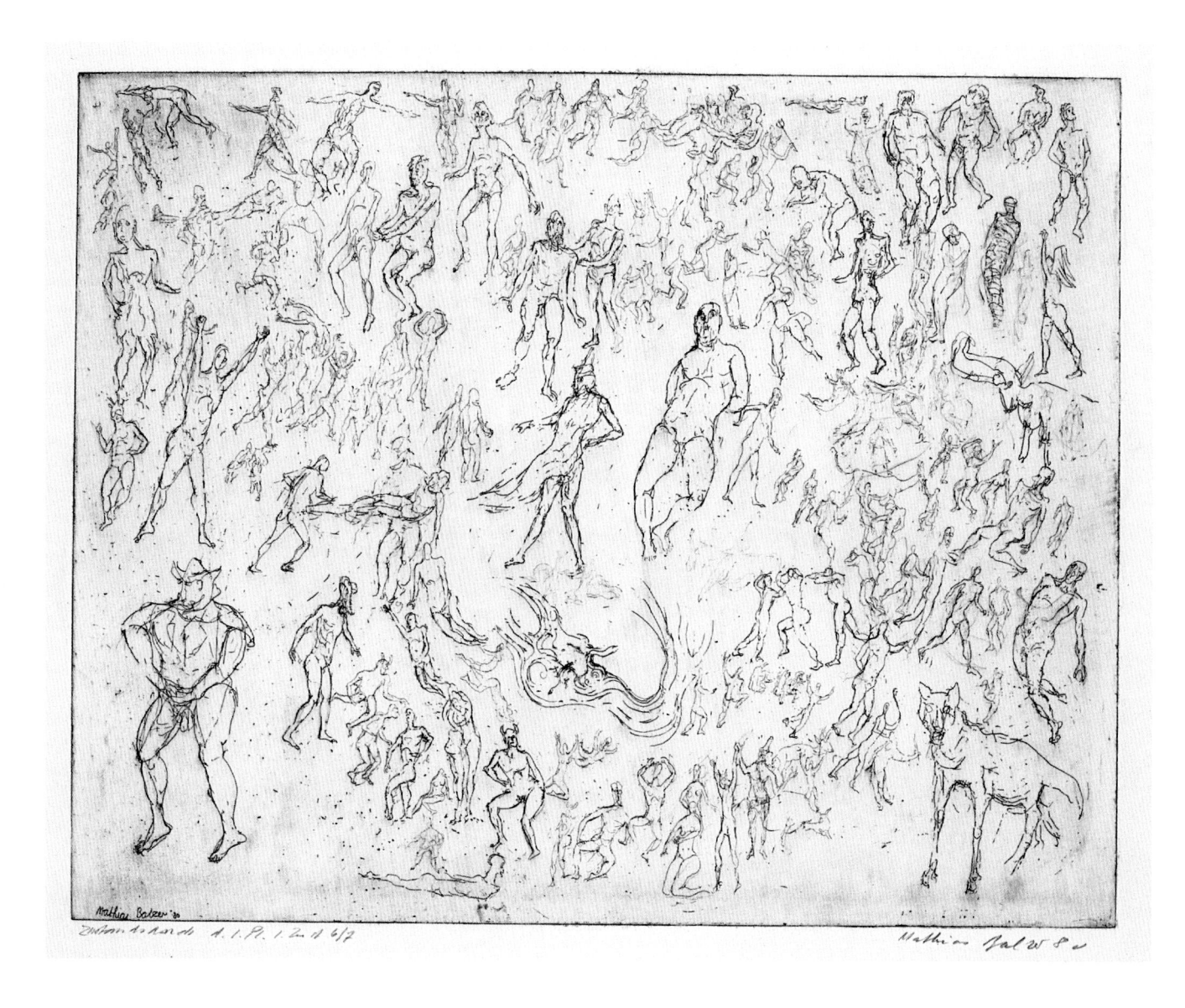

Abb. 23 Hexentanz (Dante – La Divina Commedia) 1980/1981

Abb. 24 Pechsee (Dante – La Divina Commedia), 1981

Abb. 25 Ohne Titel (Bilder aus dem Unbewussten), 1.2.1982

Abb. 26 Ohne Titel (Bilder aus dem Unbewussten), 1982

Abb. 27 Ohne Titel (Bilder aus dem Unbewussten), 1982

Abb. 28 Ohne Titel (Bilder aus dem Unbewussten), 26.4.1982

Abb. 29 Ohne Titel (Bilder aus dem Unbewussten), 1982

Abb. 30 Ohne Titel (Bilder aus dem Unbewussten), 1982

Abb. 31 Ohne Titel (Bilder aus dem Unbewussten), 29.1.1982

Abb. 32 Ohne Titel (Bilder aus dem Unbewussten), 1982

Einkehr der Ruhe

Zwischen der Folge «Bilder aus dem Unbewussten» von 1981/1982 und den im nachstehenden Teil zu berücksichtigenden Arbeiten ab 1986 liegt eine Schaffenszeit von annähernd fünf Jahren, die hier nur knapp dargelegt werden soll. In dieser Zeit entsteht jedoch eine beeindruckende Arbeit, die zwar noch den Geist der vorhergehenden Bildfolgen in sich trägt, aber bereits grundlegende inhaltliche und gestalterische Aspekte formuliert, die den weiteren Verlauf des Werks nachhaltig beeinflussen werden.

Das Bildthema des leidenden und auf sich geworfenen Menschen beschäftigt Balzer auch in weiteren Arbeiten. Die Bildfolge etabliert sich zur eigentlichen Arbeitsmethode, mit Hilfe derer die Gestaltungsvielfalt des Motivs des Leidens variiert und inhaltlich intensiviert werden kann. Die kleinformatigen Blätter der Serie «Malvaglia» (Abb. 33 und 34) beispielsweise vermögen durch Wiederholung und Aneinanderreihung verschiedener Gebärden deren Potential von Expressivität und Intensität zu steigern. Der düsteren Schwere des Bildthemas setzt Balzer eine lichte Farbstimmung entgegen, welche die dunkle Grundstimmung belebt. Die Wahl der Aussprengtechnik, bei welcher ausgewählte Flächen mit Gummiarabikum abgedeckt werden, damit die im Anschluss auf die Tuschzeichnung aufgetragene verdünnte Ölfarbe an eben diesen Stellen unter Wasser wieder abgesprengt werden kann, ermöglicht Balzer helle oder gar transparente Lasuren, die vor dem dunklen Hintergrund aufleuchten. Dergleichen kontrastieren die hellen Inkarnatsflächen mit der in dunkler Tuschfarbe akzentuierten Konturzeichnung, wodurch die Körperschwere der Figuren betont wird. So wohl die Aussprengtechnik als auch die Technik der Temperamalerei, mit welcher sich der Künstler erstmals im Jahre 1982 bei der Gestaltung des Bildprogramms des Orgelpositivs der evangelischen Kirche der Schamser Bauerngemeinde Pignia auseinander setzte, belegen die Suche nach einer malerischen und spontanen Ausdrucksqualität der Bildsprache.[1]

«Dialog mit einem Raum»

Im Herbst 1986 lädt die Künstlergruppe IN SITU Kulturschaffende aus dem Kanton Graubünden und der übrigen Schweiz ein, für die Dauer eines Monats den interdisziplinären Dialog auf Schloss Haldenstein zu suchen. Das Projekt «DIALOG» verfolgt aber nicht nur die Idee des Gesprächs unter den KünstlerInnen und Kulturschaffenden, sondern gleichzeitig auch die Auseinandersetzung mit dem historischen Ort der Ausstellung.[2] Neben Theateraufführungen im Schlosshof suchen die eingeladenen Künstlerinnen und Künstler mit Hilfe von künstlerischen Eingriffen und der Gestaltung von Wandmalereien und Installationen den Dialog mit der vorgegebenen historischen Schlossarchitektur. Während dieser Zeit etabliert das Schloss Haldenstein einen Ort der Begegnung mit einer vierhundertjährigen Geschichte, deren Spuren von der archäologischen Bauuntersuchung der kantonalen Denkmalpflege unter Bodenbrettern, hinter dem Wandverputz und ehemals zugemauerten Löchern zum Vorschein gebracht wurden.

Der Beitrag von Mathias Balzer befindet sich noch heute – wenn auch den Zeichen der Zeit ausgesetzt – im etwa 4,25 x 6,20 m grossen Schlosskeller, dessen Gewölbekonstruktion Erinnerungen an die unterirdischen Katakombenanlagen in Rom wach werden lässt (Abb. 35 und 36): «Die Kellerräume des Schlosses erinnern mich an die römischen Katakomben, die unterirdischen frühchristlichen Grabanlagen, ein Labyrinth von Gängen mit Nischengräbern und Grabkammern mit Malereien auf dem weissen Kalkmörtel der Wände und Gewölbe.»³

Der nachhaltige Eindruck der Architektur der frühchristlichen Grabanlagen beeinflusst Balzers Gestaltung einer grossfigurigen Figurenkomposition, in welche Türöffnungen, Fensternischen und die zugemauerten Durchgänge des Kellers integriert werden (Abb. 37–39). Die Entfaltung der Komposition über die gesamte zur Verfügung stehende Wandfläche erlaubt den architektonischen Gegebenheiten nicht, den Bewegungsraum der Figuren einzugrenzen, sondern betrachtet diese vielmehr als integrale Bestandteile der bildnerischen Wandgestaltung. Mit dem optischen Kunstgriff des «all over» suggeriert Balzer eine kompositionelle Homogenität, in der Raum und Figur eins sind und die den Blick auf die Gesamtschau eines einheitlichen Geschehens freigibt. Indem Balzer es vermeidet, Erosionsspuren wie sich lösende Farbschichten, weisser Kalkverputz oder die sichtbaren Spuren der ehemaligen Nutzung des Kellers unter einer einheitlichen Grundierung verschwinden zu lassen, bestimmt das archäologische Mauerwerk massgeblich die Gestaltungsweise der Figuren. So schaffen die verschiedenen Ocker-, Sienagelb-, Terra Rossa- und Pariserblaufarbtöne und die fleckige Buntheit an manchen Stellen in der unteren Wandzone, die vom Abstreifen der Ölfarbe der hier vorher ansässigen Malerwerkstatt stammt, einen lebendigen Malgrund (Abb. 40). Die haptische und optische Lebendigkeit des historischen Mauerwerks dient Balzer nicht als Hinter- oder Untergrund für seine Figurenkomposition, sondern bestimmt die materielle Gestaltung der Darstellung. So werden die Figuren von Balzer nicht einfach auf die Wand aufgesetzt, aufgezeichnet oder aufgemalt, vielmehr werden sie von ihm aus den alten Schichten von Kalk-, Mörtel- und Farbanstrichen herausgearbeitet. Balzer rückt der Materialität des Verputzes und den darauf liegenden Spuren gleichsam zu Leibe, kratzt Umrisse heraus (Abb. 41), spachtelt und schabt mehrere Schichten von Farbresten weg und lässt so Darstellungen zum Vorschein kommen.⁴ Die in der Tiefe des Mauerwerks aufgespürten und vorgefundenen Umrisse werden von den wenigen, grosszügig aufgetragenen Kalkkaseinfarbspuren und Kohlestrichen nur mehr verdeutlicht, das Vorgefundene bezeichnet (Abb. 42 und 43). So wie Architektur und Komposition eine Einheit bilden, so verschmelzen Wand und Figur zu einer materiell homogenen Darbietung.

Die Figuren tauchen in der uns vertrauten gelängten, hageren Gestalt aus der Tiefe des historischen Mauerwerks auf, verharren in frontaler Haltung, steigen weiter in die Höhe, drehen sich in die Diagonale, legen sich hin, ruhen in der Horizontale und entschwinden aus dem Blickfeld des Betrachters. Manche von ihnen bleiben durch die Kerbung ihrer Umrisse mit der Wand verhaftet. An anderer Stelle gerinnt ihre Gestalt und verflüssigt sich. Andere wiederum, die nur mit schwarzer Kohle flüchtig auf die Wand skizziert werden, lösen sich von der Wand und scheinen sich in transzendente Sphären zu verflüchtigen. Stehen wir vor der Ausübung eines unbekannten chthonischen Rituals, durch welches die «Eingeweihten» den menschlichen Bereich verlassen und in höhere, himmlische Regionen entschwinden?

Eine sichtbare kreisrunde Verputzstelle unter dem Bogen der Ostwand bezeichnet den Kulminationspunkt der Komposition, der die Körper- und Kopfhaltung vieler Figuren magisch in die Höhe zu lenken scheint. Mit in den Nacken gelegtem Kopf und auf die erhöhte Stelle gebanntem Blick scheinen die Figuren Anteil zu nehmen an einem Vorgang der Epiphanie. Zugleich beeinflusst die in dieser Weise gelenkte Blickführung den Blick des Betrachters und vermag den Eindruck des Sakralen zu steigern. Die abstrakt-lineare Komposition und die rhythmische Wiederholung einfacher Körperformen reflektieren die Feierlichkeit und Strenge der Figurendarstellungen frühchristlicher Malerei. So belegt denn auch ein schriftlicher Kommentar des Künstlers die formale und inhaltliche Nähe seiner Arbeit zu dem auf Errettung und Erlösung ausgerichteten Bilderkanon der frühchristlichen Malerei. Balzers gleichzeitig geäusserte Bezugnahme auf Dantes Inferno erweitert die verheissenden Jenseitserwartungen um Kategorien wie Tod und Verdammung zu einer einheitlichen Gesamtschau:

«Was ich vermag, ist, mich zu empören gegen alle selbstherrlichen, arroganten und korrupten politischen und wirtschaftlichen Machthaber auf der ganzen Erdoberfläche, gegen ihre Bedrohung, Gewalt, Unterdrückung, Ausbeutung, Vernichtung und deren Folgen: die Unfreiheit, die Ohnmacht, die Angst, die Not, die Armut, der Hunger, die Krankheit und der Tod. Ich kann nur versuchen, dieser Empörung in meinen Bildern Ausdruck zu verleihen und mich engagieren für ein gerechteres, sozialeres, menschlicheres Leben, das frei ist von Unterdrückung und Ausbeutung, im Sinne jenes subversiven und revolutionären Urchristentums.»[5]

Auch wenn Körperhaltung und Gebärden der Figuren Balzers Gefühlen der Ohnmacht und Verzweiflung bildhaft Ausdruck verleihen, zeigt sich in Komposition und Figurengestaltung eine neue Ausdrucksqualität. Das Prinzip der gestaffelten Anordnung der Komposition, welche die Figuren neben- und übereinander oder gar einander durchdringend organisiert, evoziert eine Verdichtung des Raumes. Dazwischen finden sich ebenfalls Leerzonen, die der Aufbahrung eines einzelnen Körpers Raum geben. Der Bildaufbau verfolgt demnach nicht allein das Ziel der chaosähnlichen Verstrickung und Durchdringung, sondern vielmehr das der rhythmischen Organisation von dynamischer Bewegung und statischer Ruhe. Dergleichen wird bei der Gestaltung der Figur die nach aussen getragene Darstellung einer inneren Erregung zugunsten einer in sich gekehrten, ruhigen Haltung des Körpers zurückgenommen. Hier sind die Arme nicht mehr verzweifelt in die Höhe gestreckt, sondern eng an den Oberkörper gelegt, das Gesicht nicht mehr in den Händen vergraben, sondern unbedeckt der Höhe zugewandt, die Gestalt nicht länger unter einer schweren Last gebeugt, sondern aufrecht stehend oder in der Horizontalen ruhend. In der eindringlichen Bildhaftigkeit von Unterwelt, Schattenreich und Vergänglichkeit, die von Yvonne Höfliger anschaulich als «Totenwache in der Unterwelt»[6] beschrieben wurde, dringt der Glaube an Erlösung und Hoffnung durch. Und ungeachtet der Frage, ob die Figuren eines Tages durch eine erneute Nutzung des Raumes unter einer deckenden Verputzschicht verschwinden müssen oder im Laufe der Zeit sich unter dem Einfluss der natürlichen Erosion auflösen werden, sind sie in Raum und Zeit der Vergänglichkeit preisgegeben.

[1] Das Bildprogramm des nach Vorbild der italienischen Renaissance-Orgel gebauten Orgelpositivs von Pignia zeigt in über 14 Prospekten (Kalkkasein auf Holz) einen vorwiegend biblischen Bilderzyklus, der die Ordnung der romanischen Bilderdecke der St. Martin-Kirche in Zillis im Schamsertal reflektiert (3. Viertel 12. Jh.). Vgl. dazu Arbeitsheft «Orgelbemalung Pignia», 1982. Vgl. auch Martin Haechler-Caflisch, Das Orgelpositiv von Pignia: Unikum unter den Bündner Orgeln, in: Bündner Zeitung, Chur, 12. Februar 1983 und or, Orgel-Einweihung in Pignia. Wohlgelungenes Gemeinschaftswerk, in: Bündner Tagblatt, Chur, 17. Februar 1983.

[2] Vgl. dazu IN-SITU Kulturwerkstatt Chur (Hrsg.), DIALOG. Eine Ausstellung auf dem Schloss Haldenstein anlässlich des Haldensteiner Herbstes (Situation 2), 19. September bis 15. Oktober 1986, Chur 1986 (ohne Paginierung).

[3] Balzer, ebd.

[4] Eine ähnliche Arbeitsmethode verfolgt Mathias Balzer bei der Gestaltung des Bühnenbildes für das 1987 auf Schloss Haldenstein aufgeführte Theaterstück «Erinnerung», wo er kratzend und schabend das Bild aus dem Mauerverputz zum Vorschein bringt.

[5] Balzer, in: DIALOG, wie Anm. 2.

[6] Yvonne Höfliger, Mathias Balzer: Dialog mit einem Raum, in: IN SITU-Kulturwerkstatt Chur (Hrsg.), Mathias Balzer. Dialog mit einem Raum, IN SITU-Heft 2, Chur 1987 (ohne Paginierung).

Abb. 33 Ohne Titel (Malvaglia), 8.3.1985

Abb. 34 Ohne Titel (Malvaglia), 15.3.1985

Abb. 35 Gewölbekeller Schloss Haldenstein (Skizze), 1986

Abb. 36 Cubicolo destro, parete d'ingresso, 1980

Abb. 37 Dialog mit einem Raum (Nordwand), 1986

Abb. 38 Dialog mit einem Raum (Ostwand), 1986

Abb. 39 Dialog mit einem Raum (Südwand), 1986

Abb. 40 Dialog mit einem Raum (Detail Südwand), 1986

Abb. 41 Dialog mit einem Raum (Detail Westwand), 1986

Abb. 42 Dialog mit einem Raum (Detail Südwand), 1986

Abb. 43 Dialog mit einem Raum (Detail Südwand), 1986

Leben und Tod als Grenzsituationen menschlichen Daseins

Mit folgenden im Zentrum der Aufmerksamkeit stehenden Werkzyklen «Misterium mortis» (1986–1988) und «Der Berg, wo Leben und Tod sich berühren» (1989/1990) nähert sich Mathias Balzer in seiner Kunst dem Fragenkomplex um Leben und Tod an. Auch wenn der Künstler bis anhin keine eigentliche Ikonografie des Todes formuliert hat, lassen sich dennoch inhaltliche Vorzeichen für eine künstlerische Beschäftigung mit besagtem existentiellen Thema ausfindig machen.

Für das allgemeine Verständnis der Bildlichkeit des Todes in der bildenden Kunst und Literatur sollte man sich einer grundlegenden Eigentümlichkeit des Todes bewusst werden – die seiner Bild- und Sprachlosigkeit. Der Mensch weiss zwar um die unausweichliche und unwandelbare Faktizität seines Todes durch das Sterben seiner Mitmenschen, den eigenen Tod jedoch kann er nicht wissen. Die Erfahrung der persönlichen Unerfahrbarkeit des eigenen Todes zwingt uns also sprachlich und bildnerisch auf Todesevokationen und Metaphern im Sinne von heraufbeschworenen bildlichen Vorstellungen und Phantasien zurückzugreifen, die unsere mannigfaltigen Anschauungen vom «Nicht-mehr-in-der-Welt-sein» in Bildern wiederspiegeln.[1]

Im Werk von Mathias Balzer begegnen wir ebenfalls solchen übertragenen Bildern, die auf eine latente Beschäftigung mit dem Thema schliessen lassen und seinen an den Tod gebundenen Vorstellungen unbewusst bildnerisch Ausdruck verleihen. Erinnert sei in diesem Zusammenhang an Balzers Zeichnungen von Baumstrünken, die als Relikte der Vergangenheit im Zyklus von Werden und Vergehen die Symbiose von Wachstum und Verfall versinnbildlichen. Oder an die inhaltliche Auseinandersetzung mit der unterweltlichen Jenseitsvision von Dante, welche die Seelen im Erleiden der eigenen irdischen Sünden zum ewigen Schattendasein in der Hölle verdammt. Vor diesem Hintergrund erklärt sich hier nochmals die Intention des Textes, die Arbeiten der Dante-Bildfolge als Leidensmanifestationen zu lesen, die uns die Vereinzelung der Individuen und den damit einhergehenden Verlust sozialer Kontakte und Kommunikation als grundlegende Elemente des «sozialen Todes»[2] vor Augen führen wollen. Ferner verdeutlicht die Bezugnahme Balzers auf diejenigen Gesänge des Inferno, die den weltlichen Sündenkatalog menschlicher Gewalt versinnbildlichen, und das präsente Thema der Gewalt in seinen Arbeitsheften ein Anliegen des Künstlers, den unterschiedlichen Formen von Gewalt und Bedrohung ein Bild zu geben.[3]

Obwohl Balzers Todesevokationen in Gestalt eigentlicher «visueller Subtexte» von Leiden und Gewalt auftauchen, deuten sie das Phänomen «Tod» noch nicht als Existenzial des persönlichen Daseins. Die existentielle Erfahrung des Todes der Schwiegermutter im November 1986 ist es dann, die nach einer künstlerischen Umsetzung verlangt. So entsteht am Krankenbett der Sterbenden eine Folge von Zeichnungen, die dem Menschen und Künstler die unmittelbare Begegnung mit dem Sterben eines ihm nahestehenden Menschen erlaubt. Unter dem nachhaltigen Eindruck dieser persönlich-intimen Erfahrung entstehen wenig später die ersten Arbeiten, welche diese tiefgreifende existentielle Erfahrung zu verarbeiten versuchen.

«Misterium mortis» – Hinter der Grenze des Bewusstseins

Die unter dem Werktitel «Misterium mortis» zusammengefassten Arbeiten aus der Zeit von Dezember 1986 bis September 1987 lassen unterschiedliche Fragestellungen und Annäherungen an besagtes Thema erkennen. Während eine erste Bildfolge luzide Raum- und Architekturwelten zeigt (Abb. 44–50), beschwören in einer zweiten Werkgruppe die Darstellungen zumeist menschenleerer Nachtlandschaften ein Gefühl der Verlassenheit und metaphysischer Weite (Abb. 52–54). In einer dritten Gruppe dann begegnen wir im Bild der gelagerten menschlichen Körper und Gebeine dem Phänomen des Todes in dessen (abendländischen) Versinnbildlichung von Vergänglichkeit und Zerfall (Abb. 55–58).

Die unmittelbar nach dem Tode der Schwiegermutter entstandenen Arbeiten verraten eine Konzentration auf die Frage, was zum Zeitpunkt des Todes mit der Sterbenden geschehen mag. Die Wahl der Kaseintempera verrät das Bedürfnis nach einer malerischen Ausdrucksqualität, die unterschiedlich intensive Tonabstufungen und Differenzierungen der Farbsättigung ermöglicht. Balzers Bilder lassen den Betrachter eintreten in eine Welt, die dem Traum näher zu sein scheint als der uns bewusst erfahrbaren Wirklichkeit. Es ist eine Welt des Dunkels, in die gleissend helle Lichter einbrechen und die Materialität der Körper – mehr Erscheinung als Gestalt – auflösen. Von ihrer Körperschwere befreit, bewegen sie sich scheinbar schwerelos auf ein für uns Betrachter unerreichbares Ziel zu, das sich hinter dem gezeigten Fluchtpunkt der zentralperspektivischen Raumordnung oder ausserhalb des Bildraumes verbirgt (Abb. 44–46). Die Figuren befinden sich in einem von der Zeit enthobenen Raum, der weniger einen Ort des Aufenthalts als vielmehr einen Durchgang zu einer anderen Raumdimension bezeichnet. Die Haltung der nahezu körperlosen Gestalten verrät keine Bewegung, eher scheint es, als trüge sie der Lichtstrom auf eine andere Seite, die nicht mehr physisch erfahren werden kann. Durch die in vertikaler Bewegungsrichtung aufsteigenden Figuren betont der kompositionelle Aufbau Aspekte wie die Exponierung der Mitte, die Offenlegung der zentralperspektivischen Raumkonstruktion und deren Betonung durch einen hellen Lichtraum oder Lichtschacht. Mit Hilfe der Zentralperspektive versetzt Balzer den Standpunkt des Betrachters in die Dunkelheit des Bildvorraumes und führt dessen Blick gleichzeitig mit Hilfe der Lichtführung. Oder er lenkt unseren Blick über dunkle Abhänge auf einen mit eigenartig kastenförmigen Gräbern gesäumten Weg, an dessen Ende in strahlendes Licht getauchte Figuren stehen, deren aufsteigender Bewegung wir über den Bildraum hinaus folgen (Abb. 48). Diese trogähnlichen Vertiefungen erinnern an die langrechteckigen Fossa-Gräber der etruskischen Grabarchitektur, in deren in den Boden eingelassenen Gruben die Verstorbenen in Embryonal- oder Hockerstellung zum Zwecke der Wiederauferstehung dem Schoss der Erde zurückgegeben wurden.[4]

Die Darstellung einer dreieckigen Architekturform, in deren Mittelachse eine Figur positioniert ist (Abb. 50), lässt dagegen die architektonische Abbreviatur sog. Tumuli- oder Kammergräber erkennen, die den Übergang von der materiellen zur substantiellen Welt bezeichnen und von Balzer in einer Skizze festgehalten wurde (Abb. 51).

Auch wenn uns das Ziel der nach oben entschwindenden Figuren verborgen bleibt, bewirkt die sogähnliche Wirkung des Lichts in den Augen des Betrachters ein optisches Erlebnis. Lichtführung und die beinahe transparente Gestalt der im Raum verschwindenden Körpererscheinungen veranschaulichen Aspekte der Transzendenz, die bildhaft die Realität einer Existenz nach dem Tod suggerieren wollen. Die in die Dunkelheit des Bildraumes einbrechenden Lichtwelten scheinen ein Raumvakuum zwischen der irdischen Sphäre und der sich hinter der Raumgrenze befindenden «Wirklichkeit» anzuzeigen. Im fragilen Wechselspiel von irdischen und überirdischen Wahrnehmungsebenen führt uns Balzer eine Vorstellung vom Sterben als eine Schwellenerfahrung vor Augen, die in eine andere, immaterielle Daseinsform eintreten lässt. Dies gelingt ihm nachgerade in der Gegenüberstellung von materieller Körperlichkeit der am Boden liegenden Figuren und den aufstrebenden Lichtwesen, die den profanen Raum hinter sich gelassen haben und mit dem Verlassen der irdischen Daseinsform zugleich ihren menschlichen Status (Abb. 44). Von ihrer materiellen Körperschwere befreit, schweben sie nun scheinbar schwerelos in höhere Sphären, wo sie hinter einer Lichtschranke verschwinden. Formale Strategien wie ein sich hinter dem Fluchtpunkt in die unendliche Weite öffnender Bildraum, ein die Figur akzentuierender Bildaufbau und ein in die Höhe ausgerichteter Bewegungsfluss betonen allesamt eine Spiritualität und Sakralität bedeutende Bildsprache. Vor diesem Hintergrund lässt sich denn auch die durch die Vertikale bedingte formale Akzentuierung der Bildmittelachse als eine Schwelle betrachten, über die der Verstorbene eintritt in eine für uns verborgene jenseitige Welt. Unter den von Balzer zusammengetragenen Notizen zum Thema Tod finden sich Exzerpte von Berichten, die Erfahrungen von ehemals für klinisch tot erklärten Patienten und von Menschen in lebensgefährlichen Situationen schildern, welche die zuvor formulierte Vermutung illustrieren, mit vorliegenden Bildern an der Schwelle des Todes zu stehen. Vergleicht man nämlich die Arbeiten mit nachstehender Beschreibung, welche die übereinstimmenden Details zahlreicher Erlebnis- und Erinnerungsberichte als Konzentrat destilliert, scheinen Balzers Bilder die schriftlichen Dokumente visuell-künstlerisch umzusetzen: « ... und zugleich hat er das Gefühl, dass er sich sehr rasch durch einen langen, dunklen Tunnel bewegt. Danach befindet er sich plötzlich ausserhalb seines Körpers, jedoch in derselben Umgebung wie zuvor. Als ob er ein Beobachter wäre, blickt er aus einiger Entfernung auf seinen eigenen Körper. [...] Wie er entdeckt, besitzt er noch immer einen «Körper», der sich jedoch sowohl seiner Beschaffenheit als auch seinen Fähigkeiten nach wesentlich von dem physischen Körper, den er zurückgelassen hat, unterscheidet. Bald kommt es zu neuen Ereignissen. Andere Wesen nähern sich dem Sterbenden, um ihn zu begrüssen und ihm zu helfen. Er erblickt die Geistwesen bereits verstorbener Verwandten und Freunde, und ein Liebe und Wärme ausstrahlendes Wesen, wie er es noch nie gesehen hat, ein Lichtwesen, erscheint vor ihm. [...] Einmal scheint es dem Sterbenden, als ob er sich einer Art Schranke oder Grenze näherte, die offenbar die Scheidelinie zwischen dem irdischen und dem folgenden Leben darstellt.»[5.]

Wie hier bildhaft geschildert, erinnert die in ihrer Stofflichkeit kaum mehr wahrnehmbare Gestalt der Erscheinungen an den beschriebenen spirituellen Leib der Geist- oder Lichtwesen, die den Toten geleiten. In ähnlicher Parallele zum Text findet sich der lange Tunnel, an dessen Ende der Verstorbene eine Grenze überschreitet oder eintritt in eine vom physischen Körper losgelöste Existenzform. Das komplementäre Bild des dunklen Ganges (oder Tunnels), an dessen Ende ein helles Licht zu sehen ist, veranschaulicht denn auch im Kontext der Tiefenpsychologie die Vorstellung vom Tode als eine Reise, als einen Übergang von der materiellen zur substantiellen Welt.[6] Die in diesem Bild zusammenfallenden Aspekte von Dunkelheit und Licht bezeichnen gegensätzliche Pole, die einander bedingen und sich zueinander komplementär bzw. kompensatorisch verhalten. Dergestalt bedeuten Leben und Tod zwei Gegensätze, die das Dasein des Menschen existentiell bestimmen, da nachgerade das Wissen um die eigene Sterblichkeit unsere Lebensführung – bewusst oder unbewusst – zu beeinflussen und zu positionieren vermag. Ob wir den Tod als einen Übergang in ein neues Leben betrachten, wo unsere Seele fortdauert, wir einer «romantischen» Todessehnsucht verfallen oder den Gedanken an den Tod einfach verdrängen, bagatellisieren oder tabuisieren – alle diese Beispiele bezeugen Bewältigungsformen im Vollzug unseres Daseins, die dem Tod in unterschiedlicher Art und Weise begegnen und unser Leben beeinflussen. Der Tod erinnert uns an die eigene begrenzte Zeitlichkeit in der Welt – memento mori – und zwingt uns, das Leben und das Menschsein zu bedenken – memento homo. Die Auseinandersetzung mit dem Tod bedeutet, sich mit seinem Leben zu beschäftigen – und umgekehrt. In dieser Polarität offenbart sich die Gegensätzlichkeit der Natur und der Welt, die anerkannt und gleichermassen bewusst gemacht werden will.

Das von Balzer eingelöste subtile Wechselspiel von Nähe und Entrücktheit verdeutlicht also einen grundlegenden Aspekt der bildhaft gewordenen Vorstellung um Leben und Tod des Künstlers. Die unbestimmbare Grenze zwischen Leben und Tod zeigt sich zugleich als eine Schranke, die unserer Fähigkeit zur intellektuellen Erkenntnis und empirischen Erfahrung Einhalt bietet. Der physische Tod im Sinne der Finalität irdischen Daseins bedeutet folglich eine Grenzerfahrung und bezeichnet – je nach Anschauung – ein Ende, oder einen Übergang in eine andere, jenseitige Welt. In gleicher Weise wie Matthias Balzer den Blick hinter die Grenze des Sichtbaren und des persönlichen Bewusstseins wagt, veranschaulichen diese Arbeiten sein existentielles Anliegen, hinter die Schwelle des Todes zu blicken.

«Misterium mortis» – Metapher der Leere

Nur wenig später wandelt sich Balzers Bilderwelt und die luziden Raumfluchten an der Schwelle des Todes werden verlassen. Bei der Betrachtung der zweiten «Misterium mortis»-Folge sieht sich der Betrachter nach Jahren erneut wieder mit dem Motiv der Landschaft konfrontiert, in welcher Menschen nur noch vereinzelt oder als Abbreviatur ihrer menschlichen Gestalt anzutreffen sind. In einem frühen Blatt entfernt sich ein Gruppe von augenscheinlich heimat- und schutzlosen Figuren von einer am Boden liegenden Gestalt, die scheinbar tot in der frostigen Kälte zurückbleibt (Abb. 52). Die flüchtige Schreibweise der Figuren vergegenwärtigt ein Gefühl der Erschütterung angesichts der Begegnung mit dem Tod, vor dem sie sich alle mit einem Gefühl des Grauens abwenden.[7] Bezeichnet in diesem Bild das Bergmassiv im Hintergrund eine Landschaft, welche die Menschen schützend umgibt, wird diese sodann in anderen Arbeiten zum eigentlichen Bildmotiv. Nunmehr klingt in den in nächtliches Dunkel getauchten menschenleeren Berglandschaften eine unterschwellige Todesevokation an, insofern das karge, vegetationslose Bergmassiv die Existenz von Leben verunmöglicht (Abb. 53). Doch allein die Darstellung von Leere vermag aber noch nicht den Tod Bild werden zu lassen, weshalb es weiterer Hinweise bedarf. Die flüchtige Schreibweise der Feder, die Nebelschwaden assoziieren lässt, und das in die noch feuchte Kaseintempera eingegrabene Liniengeflecht evozieren eine Spurenästhetik, die auf ein Nicht-mehr-Vorhandensein eines ehemals Dagewesenen hinweisen will. Somit beschwören Abwesenheit und Hinterlassenschaft in eindringlicher Weise ein Gefühl der Verlassenheit und der Melancholie, das in der auf dem Rücken liegenden einzelnen Figur, die sich hell vom erdroten Untergrund abhebt, eine zusätzliche Steigerung erhält (Abb. 54). Im Hintergrund erinnern nur noch verwehte Graphitspuren von etwa sechs weiteren Figuren an die gewesene Existenz menschlichen Mit-Seins. Die isolierte Darbietung der liegenden Gestalt mit dem nach hinten gekrümmten langen Hals und die unbestimmte metaphysische Weite des umgebenden Raumes beschwören eine sakrale Aufladung des Bildmotivs. Auch hier gelingt es der künstlerischen Strategie von Mathias Balzer, in der bildnerischen Verschränkung von Abwesenheit menschlichen Daseins und von Hinterlassenschaft in der Gestalt des verlassenen Körpers, dem geheimnisvoll-unheimlichen Zauber des Todes metaphorisch ein Bild zu verleihen.

«Misterium mortis» – Metapher des Schweigens

In der dritten Bildfolge offenbart sich das Rätsel des Todes dem Betrachter in vertrauter Gestalt. Die letzte Serie der Todesbilder konzentriert sich weitgehend auf die Darstellung der mit Verwesung und Tod konnotierten sterblichen Überreste anonymer Leichname und menschlicher Gebeine (Abb. 55–58).
Innerhalb der Genese der Gestaltwerdung der verschiedenen Todesbilder über die Jahrhunderte hinweg gehört das (tanzende) Totengerippe zu den jüngsten traditionellen Personifizierungen der geheimnisvollen Macht. Weniger grauenerregend als die Phase der Zersetzung des Fleisches, die für viele Kulturen eine Zeit der Unreinheit bedeutet, ist das trockene Skelett nur geringfügig negativ – aber dennoch stark affektiv – besetzt. Als Quintessenz des Menschen ermöglichen die Gebeine die Auferstehung von den Toten (Hesekiel 37), regen an zur mönchischen Kontemplation über die Nichtigkeit des Daseins und erfahren kultische Ehren oder gar ästhetische Überhöhung.

In Balzers Bildern treffen wir auf das Bildmotiv der gelagerten Figur – entweder als toter, mumienähnlicher Leichnam (Abb. 55 und 56) oder bereits skelettiert (Abb. 57 und 58). Mit nach oben gewandtem Gesicht liegen sie mit eng am Körper anliegenden Armen auf dem nackten, kalten Boden. Die Ausrichtung der aufgebahrten Körper nach Osten betont den zeremoniellen, rituellen Charakter der Darstellung und erinnert an die Ruhelage sich bettender Sterbender.[8] Der Künstler zeigt die Körper unverhüllt, verzichtet aber darauf, Aspekte wie Zersetzung und Zerfall des Körpers ästhetisch zu überhöhen. Vielmehr bestimmt ein Eindruck von Ruhe die Haltung der Figuren, die entweder allein oder übereinander liegend im Raum gezeigt werden. Weder zusammengebrochen oder im Todeskampf entstellt, sondern in beinahe bewegungsloser Entrücktheit, liegen sie auf dem Boden und vermitteln den Eindruck, als ob sie soeben entschlafen wären. Die Darstellung der liegend Ruhenden gleicht dem abendländischen Grabfigurentypus der Gisants, deren in Stein gehauene Körper Verwesung und Zerfall trotzen. In anderen Bildern taucht am oberen Bildrand eine Reihe von friesartig angeordneten Totenköpfen auf, die den Verstorbenen zu beschützen scheinen (Abb. 56 und 57). Als pars pro toto ist der Schädel signifikantester Teil des Skeletts und damit untrennbar mit der Konnotation des Todes verbunden und eignet sich gleichzeitig als ein Symbol des Todes für die kontemplative Betrachtung der Zeitlichkeit menschlichen Daseins. Handelt es sich möglicherweise um Ahnenfiguren, die den Toten im Jenseits erwarten? Ihre frontale, immobile Anordnung verrät eine feierliche Ruhe, die stille Trauer eines Totengeleits vergegenwärtigend.

Die Eindringlichkeit der Darstellungen erschliesst sich über die hieratische Organisation des Bildaufbaus mit entweder einer einzelnen Figur oder jeweils drei im Raum übereinander schwebenden Figuren. Das Moment des Schwebens und die durchlässige Tonigkeit der vorherrschenden Grautöne mit weissen Überhöhungen schaffen einen Ausgleich zum emotional aufgeladenen memento mori-Bildthema, als dass jener den menschlichen Überresten innewohnende Aspekt des Makaberen sublimiert wird. In ähnlicher Weise verrät die Gestaltungsweise der aus dem hellen Grau des Hintergrundes heraus gestaltenden Figuren ein Bedürfnis nach formaler Sublimierung. Der oftmals flüchtige, an Skizzen erinnernde Malgestus, deutet die Volumina lediglich mit hellen, knappen Pinselstrichen an und vermeidet so eine eindeutige Formulierung von Körper und Gebeinen. An manchen Stellen meint man im kaum wahrnehmbaren dunkleren Farbton einen Schatten zu erkennen, der die Figuren auratisch umfängt, während hingegen das lasierende Grau vielmehr Flüchtigkeit und Vergänglichkeit vergegenwärtigt. Die Art und Weise der Figurengestaltung konzentriert sich demnach weniger auf die Verdeutlichung körperlicher Materialität als vielmehr auf die Sublimierung substantieller Präsenz.

Durch die beinah intime Nahsicht auf die liegenden Figuren, die den gesamten ihnen zur Verfügung stehenden Bildraum beanspruchen, erfährt das Bildmotiv eine eindrucksvolle Steigerung ins Monumentale. In manchen Bildern genügen den Figuren die Abmessungen des Bildraumes nicht, weshalb sie mit Kopf und Füssen das Format des Bildgefüges zu sprengen scheinen. Im Gegensatz dazu evoziert die Darstellung des dämmrigen Umraums die Vorstellung von einer unendlichen Leere, welche die Festigkeit des Bildträgers durchscheinend wirken lässt. Somit wird der Anschein geweckt, als ob die Ruhenden soeben aus der Tiefe des Raumes aufgetaucht wären, sich aber alsbald wieder verflüchtigen, um wieder dorthin zurückzukehren, wo sie von menschlichem Auge nicht mehr wahrgenommen werden können.

Ferner bedingt die unterlassene Kontextualisierung der Körper in einen sie näher bestimmenden architektonischen Raum eine räumliche Isolierung, die sie in eine Sphäre erhabener Einsamkeit zuführt. Die strenge mathematische Anordnung der übereinander Liegenden und die rhythmische Anordnung einzelner Schädel bewirken nicht nur eine emotionale Steigerung, sondern gleichzeitig – und in Spannung zu dieser – eine Vorstellung von Ruhe und Erhabenheit. Wie wir wissen, steht die Ruhe seit jeher für das uralte volkstümliche Bild des Jenseits und bis heute beten wir für die Ruhe der Seelen der Verstorbenen.[9] Folglich entsteht ein Spannungsfeld zwischen affektiv besetzter Nahsicht – die den Betrachter konfrontiert, herausfordert, Grauen erweckt – und gleichzeitiger Entrücktheit und Unnahbarkeit, die Distanz zum Betrachter schaffen. In diesem aufgeladenen ambivalenten Verhältnis von Betroffenheit und Distanz, von Abschreckung und ruhiger Gelassenheit, verdichtet sich die Spannung in ein Gefühl des Numinosen, das gleichzeitig Schrecken provoziert und Verehrung hervorruft.[10] Vielleicht ist es ja nachgerade der stumme und bildlose Zauber des «ganz Anderen», den die Bilder verströmen und die Betrachtung der Bilder zur kontemplativen Begegnung werden lässt.

Im Hinblick auf Begriffe wie Entrücktheit und Unnahbarkeit, die das visuelle Phänomen der Dematerialisierung und Sublimierung körperlicher Existenz veranschaulichen, bedarf das Motiv der drei übereinander liegenden Figuren einer eingehenden Darlegung (Abb. 55, 57 und 58). Als ein offensichtliches Charakteristikum der Figurengruppen ist die mannigfaltig konnotierte Dreizahl zu erwähnen, die bereits im vorchristlichen Altertum Vollkommenheit bezeichnet. Und wer kennt sie nicht, die christliche Symbolik der Heiligen Dreifaltigkeit, die das Prinzip der göttlichen Einheit von Gottvater, Heiliger Geist und Gottessohn versinnbildlicht. Es wäre denkbar, dass Balzer mit diesem prominenten Gestaltungselement auf jene Universalität der Dreizahl verweisen möchte. Gleichzeitig verrät uns das Bild der schwebenden Figuren im Raum nicht nur, dass die räumlichen Gesetze nicht den unsrigen entsprechen, sondern führt uns in der Bewegung des stufenweisen Aufsteigens und Entgleitens erneut einen räumlichen Symbolismus der Transzendenz vor Augen. Wurde an anderer Stelle das Losgelöstsein der Figuren von Raum und Zeit als formale Bildstrategie bei der Darstellung von Desorientierung und Dissonanz gelesen, liegt dieser Bildstrategie eine andere Bedeutung zugrunde. So erinnern sie uns an Berichte von Nahtod-Erfahrungen, die an der Schwelle des Todes ein Hinaustreten aus dem irdischen Körper und ein sich Wiederfinden in einem schwebenden «Astralkörper», «Hauchkörper» oder «spirituellen Leib» schildern. In ähnlicher Weise zeigen die Arbeiten Balzers eine stufenweise Verwandlung des Körperlichen, in der die Trennung des psychisch-feinstofflichen Körpers von seinem physisch-grobstofflichen Körper vollzogen wird. Doch eine Notiz in Balzers Aufzeichnungen gibt uns den grundlegenden Hinweis auf seine Beschäftigung mit dem Tibetanischen Totenbuch, wodurch vorliegende Deutung um eine weitere inhaltliche Dimension erweitert werden kann.

Die dem Totenbuch zugrundeliegende Lehre des Bardo Thödol («Befreiung durch Hören auf der Stufe nach dem Tode») stützt sich in Form eines Traktats im wesentlichen auf die okkulte Wissenschaft der Yoga-Philosophie, die in Parallele zum Ägyptischen Totenbuch die Kunst des Sterbens und das Erlangen eines neuen Lebens lehrt.[11] Im Glauben an die Wiedergeburt versteht der Bardo Thödol den Tod als einen Zwischenzustand zwischen Leben und Zwischengeburt, während das Leben der bewussten Vorbereitung auf den Tod dient. In der Zeit des Todes hält sich der Gestorbene für 49 Tage in der sog. Bardo-Existenz auf und durchläuft drei unterschiedliche Bewusstseinsebenen. In dieser Bardo-Existenz offenbart sich im Prozess des Sterbens (Tschikhai-Bardo) die höchste Einsicht und Erleuchtung, während bald danach der Traumzustand der sog. karmischen Illusionen eintritt (Tschönyi-Bardo), die in die Wiederverkörperung und damit zur Entfremdung des Bewusstseins von der erlösenden Wahrheit führen (Sipa-Bardo).[12] In diesem System der stufenweisen Wandlungen bedeutet der Tod Befreiung von der Last des Körperlichen und Freiheit als Errungenschaft des höchsten Zustandes zugleich, der aber wieder verlassen werden muss, um im Wachzustand des irdischen Daseins das neu gewonnene Karma zu leben. In Analogie zu den drei Bewusstseinszuständen findet sich im Weisheitsbuch die «Drei Körper-Lehre» (Tri-kâya), welche die unterschiedlichen Stufen im Prozess der Erlangung der Weisheit im Zwischenreich des Todes, d. h. der Bardo-Existenz, beschreibt.[13] Folglich lassen sich die schwebenden Traumkörper auf Grundlage von Balzers Beschäftigung mit dem

Bardo Thödol als eine Metapher der Wandlung lesen, die in zahlreichen kulturhistorischen Überlieferungen anzutreffen ist. Denn nicht nur die östliche Weisheitslehre wie das besagte Bardo Thödol, sondern auch die Initiationsriten archaischer und sog. primitiver Gesellschaften, die Mythologien der Alten Welt – man denke nur an die Metamorphosen Ovids – die antiken Mysterien und die Visionen der mittelalterlichen Mystiker bis hin zu den bewusstseinserweiterten Erfahrungen unter Drogeneinfluss, berichten von solchen transzendentalen Übergangserfahrungen. Ihnen allen ist der Aspekt des Überschreitens einer Schwelle an der Grenze unseres Wachbewusstseins bei gleichzeitigem Eintreten in eine andere, zumeist höhere Bewusstseinsebene unbekannter Dimensionen, gemeinsam. Unbekannt und irrational mögen sie uns heutigen modernen Menschen wohl deshalb erscheinen, weil unsere Sinneswahrnehmungen und unsere Sprache das Instrumentarium für die Perzeption der diesseitigen Welt bilden. Aber ist nicht nachgerade die angebliche Unverständlichkeit der Träume, Visionen und ekstatischer Erlebnisse, die sich der Kausalität von Raum und Zeit widersetzen und daher nur schwer in unsere Sprache übersetzt werden können, ein möglicher Hinweis darauf, das nicht alles, was sich dem Logos entzieht, auch nachgerade inexistent sein muss?

«Der Berg, wo Tod und Leben sich berühren»

Als Ende der 1970er Jahre der Berg als bildbestimmendes Motiv von der Darstellung isolierter Gegenstände und der menschlichen Figur immer mehr in den Hintergrund gedrängt wurde, taucht er erneut in den schauerlich-düsteren Nachtlandschaften auf.[14] Während der Zeit von 1988 bis 1990 entsteht abermals eine Serie von etwa 110 zumeist kleinformatigen Tempera- und Tuscharbeiten, die unter dem Sammeltitel «Der Berg, wo Tod und Leben sich berühren» ein eigentliches Konvolut bilden (Abb. 59–71). Bereits die im Titel zum Ausdruck kommende Metapher benennt das inhaltliche und kompositionsbestimmende Motiv der zahlreichen Arbeiten. Im Gegensatz zu den früheren Bergzeichnungen, für welche die Abwesenheit menschlichen Lebens einen wichtigen Aspekt darstellt, stellt der Künstler in vorliegenden Arbeiten den Berg in Bezug zur menschlichen Figur. Gleichwohl wie die verlassenen nächtlichen Berglandschaften eine Vorstellung vom Tod unterschwellig anklingen lassen, vergegenwärtigt die im Titel angezeigte Berührung von Leben und Tod die Einbeziehung des Menschen in das Motiv des Berges (und umgekehrt).

Abgesehen von einzelnen Arbeiten, die den Blick auf die Ansicht eines im Hintergrund erkennbaren Bergmassivs freigeben und hinsichtlich Komposition und Gestaltungsweise an die wolkenverhangenen Arbeiten aus dem Jahre 1987 erinnern, taucht hier die Berglandschaft in der Abbreviatur eines einzelnen, isoliert im Raum stehenden Berges auf. Als kompositionsbestimmendes formales Element steht dieser im Zentrum des Bildgefüges, vor dem jeweils einzelne Figuren oder Figurengruppen stehen (Abb. 59–63). Manche der Figuren befinden sich genau in der Mittelachse des Berges, wobei auch hier die statisch-unbewegte Gestalt der Figuren an die Eindringlichkeit der Darstellung aussereuropäischer Plastik erinnert, die in ihrem einfachen Da-Sein eine beinahe übernatürliche Kraft verkörpert. Sowohl Figur als auch Berg verraten in formaler Hinsicht eine einfache, abstrahierende Gestaltungsweise, die ihnen die Aura eines Symbols verleiht. Auch hier ist die formale Konzentration auf die Mitte und der damit einhergehenden Beschwörung des Eindrucks des Sakralen ein unverkennbares Element der Gestaltung. Die religiöse Bedeutung der Berge ist durch die sakrale Eigenschaft der Höhe, in der sich alles Heilige verdichtet, sowohl räumlich durch die auf Anhöhen für die Himmelsgötter angelegten Kultorte als auch in den Erzählungen zahlreicher Mythologien belegt. Als Berührungspunkt von Himmel und Erde ermöglicht der Berg den Übergang zwischen den beiden kosmischen Bereichen und bezeichnet zugleich ein Zentrum, durch welches die Weltachse läuft, die ihn als Berg der Mitte deutlich macht.[15] Zeigt der Berg in manchen Darstellungen die Form eines Hügels, der an frühgeschichtliche Hügelgräber erinnert, so ist er an anderer Stelle in der abstrahierten Form eines beinahe gleichschenkligen Dreiecks gezeigt, das Assoziationen an die Grabarchitektur der Pyramiden weckt. Unter Balzers Skizzen von etruskischen Kunstdenkmälern findet sich auch die eines etruskischen Kammergrabes, in dessen Öffnung eine aufrecht stehende Figur gezeigt ist (Abb. 64). Vergleicht man die Gestaltungsweise der Dreiecksform mit abschliessendem Plateau und in der Mittelachse stehender Figur mit vorliegenden Bergdarstellungen, so ist zu vermuten, dass es sich bei den dargestellten Bergen auch um eine formale Ableitung oder Umsetzung einer Grabarchitektur handeln könnte. Ob Grabhügel oder Grabbau – beide beherbergen den toten irdischen Leib und sind von Menschenhand geschaffene «Häuser» für das Jenseits, deren Tür oder Öffnung gleichzeitig Ausgang (aus dem irdischen Leben) und Eingang (in die jenseitige Welt) bezeichnet. In manchen Arbeiten gleicht der Berg jedoch einer schutzbietenden Höhle, die als Schauplatz von Einweihungsriten und Totenbestattungen den Glauben an eine Wiederverbindung mit dem Ursprünglichen belegt und eine eigentliche Inkunabel der Grabarchitektur ist (Abb. 62 und 63). Im Gegensatz zu den vorhergehenden Darstellungen, in welchen die gelängten, blockhaft gestalteten Figuren wie eine Staffage vor dem Berg stehen, haben sich hier die Gestalten in das schutzbietende Höhleninnere zurückgezogen. Vor diesen sepulkralen Vorzeichen vergegenwärtigt das Motiv des Berges ein Sinnbild für die Berührung von Tod und Leben und für den Übergang von dem profanen, menschlichen Bereich in die himmlische Sphäre.

Auch hier ist es wieder die Notiz in einem der Arbeitshefte zur Todesthematik, die uns Aufschluss gibt über eine zusätzliche inhaltliche Besetzung des Berges bei Balzer.[16] Wie aus jener Stelle hervorgeht, nimmt der metaphorische Titel «Der Berg, wo Tod und Leben sich berühren» Bezug zu dem Text des Tai I Ging Hua Dsung Dschi («Das Geheimnis der Goldenen Blüte»), der dem esoterischen Umfeld des chinesischen Taoismus entstammt.[17] Diese Weisheitslehre des chinesischen Yoga bedient sich der Meditation zur Verwirklichung des Tao – «das durch sich Selbst Seiende».[18] Dem Grundsatz der Lehre folgend, bedeutet die Verwirklichung von Tao (oder Sinn) die Vereinigung getrennter Gegensätze, d. h., des Bewussten als Element des individuell Gesonderten und des Unbewussten als das Element des kosmisch Verbundenen. Die Vereinigung vollzieht sich mit Hilfe der Meditation in der kontemplativen Betrachtung der wahren schöpferischen Gestaltungskräfte, die durch den Kreislauf des Lichts führen und auf dessen Weg sich das Bewusstsein in das Unbewusste versenkt und sich mit diesem verbindet. Die Suche nach Sinn durch Tao benennt also die Methode des bewussten Weges, mit dessen Hilfe das bereicherte Bewusstsein in eine überpersönliche Bewusstseinsebene eintreten kann, um dort geistig wiedergeboren zu werden. Dieser Weg bedeutet eine Rückkehr in den ewige Kreislauf des Lichts und damit die «Auflösung aller Unterschiede in dem letzten zweitlosen Einheitsleben».[19] Die Fixierung der Kontemplation ist jedoch das unentbehrliche Mittel für die innere Schau, welche die Gedanken auf die zwischen den Augen liegende «Gelbe Mitte» konzentriert und durch welche das Licht eindringt. Denn allein durch die Wahrung der Mitte – und somit der Ruhe – können die Gestaltungskräfte unter Führung des Tao ihre Bahn ziehen. Die durch das Licht im Kreislauf belebten (komplementären) schöpferischen Gestaltungskräfte werden durch die acht Zeichen des I Ging («Buch der Wandlungen») versinnbildlicht, wobei das Zeichen Gen für den Berg steht und Stillehalten bedeutet. Folglich ist der Berg das Bild der Meditation, «die durch Stillehalten des Äusseren die Lebendigkeit der Verinnerlichung bewirkt. Daher ist Gen der Ort, wo Tod und Leben sich berühren, wo das Stirb und Werde sich vollzieht.»[20] In diesem Sinne wird Balzers Berg – sei es als Grab oder als geheiligter Bezirk, in dem der Tote oder der Eingeweihte in das Geheimnis des Heiligen initiiert wird – zu einem Symbol der Ruhe und zu einem Bild der Kontemplation, kraft derer die geistigen Kräfte gesammelt werden und der irdische Mensch sich durch die Verinnerlichung dieser Kräfte von der Uneigentlichkeit des weltlichen Daseins zu befreien vermag.

In der kompositionellen Anordnung der Figur in der Mittelachse des Berges (und des Bildes) zeigt Balzer die hier postulierte Wahrung der Mitte, in der sich die geistigen Kräfte konzentrieren. Im ekstatischen Vollzug des Übergangs vom materiellen, weltlichen Bereich in eine höhere Bewusstseinsebene wird der Berg so auch zum Symbol der Transzendenz, das Bewusstsein (Wesen) und Tao (Sinn) vereinigt. In manchen Bildern ist denn auch eine subtile Erhellung des geheiligten Bezirks zu sehen, in der sich gewissermassen die Kraft des Lichts konzentriert und das Materielle dematerialisiert – der Berg als Symbol der Vereinigung der Gegensätze im ewigen Kreislauf des Lichts – Berührung von Tod und Leben.

Im Hinblick auf die im letzten Teil zu betrachtenden Bildfolgen konstituiert die Gestaltung der Figur in ihrem Verhältnis zum Berg einen wichtigen Aspekt innerhalb der Entwicklung der formalen Bildsprache. Mancherorts erscheint die einzelne Figur in hieratischer Frontalität vor die vereinfachte und isolierte Form des Berges gesetzt. Der blockartige Körperbau mit eng am Körper anliegenden Armen reflektiert einerseits die tektonische Architektur des Körpers aussereuropäischer Skulpturen. Anderseits meint man, in ihnen die gelängten, schmalen Bronzefiguren der etruskischen und phönizischen Kunst zu erkennen, von denen sich einige Reproduktionen in den Skizzenbüchern Balzers finden lassen (Abb. 65). Der formale Bezug auf die beiden Gestaltungsstrategien bedeutet eine Konzentration auf das Essentielle, wodurch die menschliche Figur zu einem grafischen Zeichen schlechthin wird, das weder an Geschlecht noch an Zeitlichkeit gebunden ist. Neben dieser isolierenden, additiven Darstellungsweise wird dagegen die Tendenz zur formalen Verschmelzung von Berg und Figur erkennbar. Dies gelingt einerseits durch die Aufhebung der Distanz, wodurch die Figuren in den Schoss des Berges aufgenommen werden, und andererseits durch die diffus-verschwommene Umrisszeichnung. In manchen Bildern ist es das Übereinanderlegen heller Malschichten und Lasuren, die ein diffuses Licht erzeugen und die Form der Gestalt auflösen. An anderer Stelle ist es ein feines Liniennetz, das die Bildfläche überzieht, zudeckt, verfremdet oder abstrahiert. Mit der bildnerischen

Qualität der Verfremdung arbeitet Balzer beispielsweise auch in den 1989 entstandenen Tuscharbeiten (Abb. 66–68). Die Anwendung der Tuschfarbe gewährt dem Künstler das Spiel mit Lichtführung und Kontrasten. Da werden durch mehrere Schichten einzelner Lasuren und unterschiedliche Sättigungsgrade der Tusche subtile Farbnuancen von tiefem Schwarz über Grau-, Blau- und Sepiatöne bis hin zum Weiss der Kaseinfarbe erarbeitet. Oder aber der Graphitstift kratzt glänzende Spuren in die Farbe, die im Licht Unsichtbares sichtbar machen. So wandelt sich je nach Einfall des Lichts das Bild unter den Augen des Betrachters und entwickelt plastische Qualitäten. Selbst der Glanz des harten Graphit- oder Tintenstiftes evoziert unterschiedliche Ausdrucksqualitäten, die in der opaken schwarzen Tuschfläche eine Silhouette verschlucken oder freilegen lassen, wohingegen an anderer Stelle die subtile Transparenz der wässrigen Tusche betont wird. Die Betrachtung der Bilder wird so zu einer sinnlichen Erfahrung, die einlädt, sich im Spiel des Lichts gleichzeitig offenbarende und verschwindende Gegensätze zu erforschen.

Die im Jahre 1990 entstandenen Arbeiten (Abb. 69–71) bilden sowohl den Abschluss des Zyklus «Der Berg, wo Tod und Leben sich berühren» als auch den Übergang zur nachfolgenden Werkgruppe «Auf der Suche nach der einfachen Wahrheit». Zu beobachten ist ein allmähliches Näherrücken der Figur zum Betrachter hin bei gleichzeitiger Zurückgewinnung der menschlichen Gestalt. Vereinzelt scheint sich das statische blockartige des Körperbaus aufzulösen, wodurch der «Hauchkörper» wieder an Körperschwere gewinnt und zusätzlichen Raum beansprucht. Der Rumpf endet erneut in Extremitäten und die immobile, die Vertikale betonende Haltung beginnt, sich im Raum zu bewegen. Spuren von eingeritzten Linien und Binnenzeichnungen beschreiben und verfremden gleichermassen die Gestalt von Figur und Berg und suggerieren eine gegenseitige Durchdringung. Diese formale Verschmelzung erfährt durch die Homogenisierung des Stofflichen eine zusätzliche Steigerung, dergestalt Figur und Berg zu ephemeren Erscheinungen werden. Selbst die naturgegebene Festigkeit des steinernen Berges wird sublimiert und löst sich im Raum auf oder erscheint als einen die Figur auratisch umgebenden «Schatten». Aus dem Berg, wo Tod und Leben sich berühren, scheint neues «Leben» hervorgegangen zu sein.

Wie die Arbeiten von Mathias Balzer aus den Jahren 1986–1990 zeigen, verbindet sich mit ihnen die Anschauung vom Tod als ein Übergang in eine andere, uns unbekannte, führende Seinsweise, die uns zugleich an eine existentielle Schwelle führt, an welcher sich die für Balzer grundlegende Frage nach dem «Woher» und «Wohin» zu manifestieren scheint. Den meisten Arbeiten liegt die Vorstellung zugrunde, Sterben und Tod in einem Zwischenreich an der Nahtstelle zwischen Sein und Nicht-Sein zu begreifen. Im Gegensatz zu Dante gilt Balzers Aufmerksamkeit weniger der Frage nach dem schicksalhaften Verbleib der Seele nach dem (physischen) Tod. Die verschiedenen Bildfolgen wollen uns vielmehr die Erfahrung einer Grenzüberschreitung im Sinne von rationaler und sinnlicher Erkenntnis vor Augen führen. Aus der persönlichen Begegnung mit dem Sterben und Tod eines ihm nahe stehenden Menschen sieht sich Mathias Balzer einer Grenze gegenüberstehen, die ihn mit der Endlichkeit irdischen Daseins und der Unfähigkeit zur rationalen und empirischen Vergegenwärtigung konfrontiert. Für uns Menschen bedeutet der Tod als Bestimmung des Lebens und angesichts der Unmöglichkeit seiner rationalen Vergegenwärtigung ein Mysterium, dem wir nur mit Fragen und Spekulationen zu begegnen wissen.

Sowohl die Darstellung der ihrer Körperlichkeit enthobenen Lichtwesen kurz vor dem Eintreten in eine immaterielle Raumdimension, als auch die in den gelagerten Gebeinen versinnbildlichte Dematerialisierung und Sublimierung körperlicher Existenz, betonen das Moment der Transzendenz. Unter dem Einfluss der Lektüre östlicher Weisheitslehren überführt Balzer das Überschreiten der Grenze des materiellen, diesseitigen Wachzustandes hin zu einer höheren Bewusstseinsebene ins Bild. Im Sinne der Lehre des I Ging treffen wir auf das Motiv des Berges als ein Symbol der Kontemplation (Gen), durch welche in der Vereinigung von Bewusstsein und Unbewusstem Sinn (Tao) verwirklicht werden kann. Die in der Kontemplation vollzogene Vereinigung der Gegensätze und die bewusste Lebensführung als Vorbereitung auf den Tod sind Aspekte der östlichen Weisheitslehren, die auch in den Schriften von Balzers geistigem Begleiter C.G. Jung anzutreffen sind. Denn wie bereits an anderer Stelle festgehalten, dient in der Tiefenpsychologie die Annäherung an unbewusste Inhalte der Bewusstseinserweiterung im Sinne der Selbstwerdung. Insofern man Balzers künstlerische Arbeit als eine Suche nach Identität auf dem Wege der Introversion verstehen will, lässt sich seine Bild gewordene Konfrontation mit dem Tode auch zugleich als eine Aufforderung an den Betrachter verstehen, sein weltliches Dasein im Wissen um die eigene Sterblichkeit zu befragen.

[1] Vgl. dazu Walther K. Lang, Der Tod und das Bild. Todesevokationen in der zeitgenössischen Kunst. 1975–1990, Berlin 1995, S. 9ff.

[2] Zum Begriff «sozialer Tod» vgl. Gerhard Schmied, Sterben und Trauern in der modernen Gesellschaft, Opladen 1985, S. 116f.

[3] Siehe die im Anhang aufgeführten Arbeitshefte zum Thema Gewalt. Arbeiten wie «Blutstrom der Tyrannen» (1982), «Feuerwüste» (1983) und eine Serie von 23 Kohlezeichnungen («Gewalt-Ohnmacht», 1984), in denen der Künstler gegen seine Verzweiflung und Ohnmacht angesichts des iran-irakischen Krieges (1980–1988) anzeichnet, belegen die Präsenz des Themas in Kunst und Alltag.

[4] Zur etruskischen Grabarchitektur vgl. s.v. Grabbauten, in: Hubert Cancik, Helmuth Schneider, Manfred Landfester (Hrsg.), Der Neue Pauly. Enzyklopädie der Antike. Altertum, Bd. 4, Stuttgart/Weimar, 1998, Sp. 1167–1186, Sp. 1178.

[5] Zit. nach: Raymond A. Moody, Leben nach dem Tod, Hamburg 1977, S. 27ff. (Originaltext: Life after Life, 1975).

[6] Bereits die griechische Antike kennt die volkstümliche Vorstellung des Todesdämons Thanatos, der als schwarze (oder purpurne) Wolke oder Nebelschwade die Augen umnachtet und den Blick auf die Aussenwelt verhindert. In Anlehnung an «thymoraistes», ein weiterer Name für Thanatos, der den «thymos» (Lebensmut oder Lebensimpuls) niederschlägt, interpretiert die Tiefenpsychologie dieses Symbol der Umnachtung als einen psychischen Vorgang, welcher den Lebensmut oder -impuls unterdrückt. Vgl. dazu J. Bazant, s.v. Thanatos, in: LIMC, Bd. 7/1, Zürich/München 1994, S. 904–908. Vgl. auch Marie-Louise von Franz, Traum und Tod. Was uns die Träume Sterbender sagen, München 1984, S. 84ff. Als Adeptin von C.G. Jung steht die Autorin in der tiefenpsychologischen Tradition, die Träume des Menschen als Informationsquellen des Unbewussten, insbesondere des kollektiven Unbewussten, zu lesen, wodurch sich die Nähe ihrer Interpretationen zu Mythologie und Religionsgeschichte erklärt.

[7] Dieses Gefühl des Grauens wird vom Tiefenpsychologen Edgar Herzog als eine Urreaktion des Menschen auf den Tod bezeichnet, welche die «Voraussetzung und Vorstufe mythischer Gestaltung eines Weltbildes» bedeute. So wird beispielsweise auch heute noch in den sog. «primitivsten» Stämmen, die zum Teil weder Riten noch mythische Vorstellungen kennen, der Ort des Todes für längere Zeit gemieden. Mit dem Ritual der Bestattung, das die Rückkehr zum Toten voraussetzt, wird die endgültige Andersartigkeit der Toten anerkannt. Für Herzog handelt es sich bei dieser ersten Form der Anerkennung um eine «realistische Selbstbehauptung». Vgl. dazu Edgar Herzog, Psyche und Tod. Wandlungen des Todesbildes im Mythos und in den Träumen heutiger Menschen, Studien aus dem C.-G.-Jung-Institut Zürich, Nr. 11, Zürich/Stuttgart 1960, S. 21 und S. 24.

[8] «Die Handlungen, die vom Sterbenden vollzogen werden, nachdem sein nahes Ende sich ihm angekündigt hat – er ruht mit dem Gesicht zum Himmel, gen Osten gewendet, [...]». Philippe Ariès, Geschichte des Todes, München [8]1997, S. 29.

[9] Vgl. ebd., S. 37.

[10] Vielleicht ist es das Gefühl des «ganz Anderen», das Rudolf Otto in seinem 1917 erschienenen und heute noch vielzitierten Werk über das Heilige zu beschreiben versucht, das im Menschen angesichts des Misterium tremendum geweckt wird. Vgl. Rudolf Otto, Das Heilige. Über das Irrationale in der Idee des Göttlichen und sein Verhältnis zum Rationalen, München 1971, Kap. 4, S. 13ff. So ist das Heilige im archaisch-ursprünglichen Sinne ein lebensgefährliches, ambivalentes Faszinosum wie uns beispielsweise der Mythos von Zeus und Semele exemplarisch vor Augen führt – in dem Augenblick, als sich der Gott in seiner wahren Gestalt zeigt, muss die Sterbliche verbrennen.

[11] Vgl. dazu Walter Y. Evans-Wentz (Hrsg.), Das tibetanische Totenbuch oder die Nachtod-Erfahrungen auf der Bardo-Stufe, nach der engl. Fassung des Lama Kazi Dawa Samdup, übersetzt von Louise Göpfert-March (mit einem Geleitwort und einem psychologischen Kommentar von C. G. Jung und einer Abhandlung von John Woodroffe), Olten/Freiburg B. [9]1986.

[12] Vgl. ebd., S. 41ff.

[13] Vgl. ebd., S. 86f.

[14] Diese Feststellung trifft jedoch nur für die hier vorgestellten Arbeiten zu. Die zahlreichen, das Werk jeweils im Hintergrund begleitenden Aquarellbilder der sommerlichen und herbstlichen Berglandschaft der Schmittner Alp sind gemäss eigener Aussage des Künstlers nicht für ein öffentliches Publikum bestimmt. Diese entstanden aus dem Bedürfnis, losgelöst von einer bestimmten thematischen künstlerisch-geistigen Auseinandersetzung, die zu den verschiedenen Tages-, resp. Jahreszeiten und Wetterverhältnissen vorherrschenden Farben und Stimmungen der Natur einzufangen.

[15] Vgl. dazu Mircea Eliade, Die Religionen und das Heilige. Elemente der Religionsgeschichte, Frankfurt a. M. [3]1994, S. 132ff. In ähnlichem Sinne künden Christi Himmelfahrt, das Aufgehen in das unendliche Nichts in den östlichen Weisheitslehren oder die Himmelsreise des Schamanen von einem Aufstieg – Ekstase – in die kosmischen Sphären des Himmlischen, durch den der profane Bereich des Menschlichen hinter sich gelassen wird. Diese Anschauung findet sich auch bei Dante im Bild des Läuterungsberges, auf dessen Spitze das irdische Paradies liegt. Wenn Dante das Fegefeuer auf einen Berg verlegt, dann wohl deshalb, weil die Entscheidung über Leben und Tod im Fegefeuer vollzogen wird.

[16] Vgl. dazu eine Notiz von Balzer, in: Arbeitsheft «Notizen zum Thema Tod», 1988 (ohne Paginierung).

[17] C.G. Jung/Wilhelm Richard (Hrsg.), Das Geheimnis der Goldenen Blüte. Ein chinesisches Lesebuch (mit einem europäischen Kommentar von C.G. Jung), Olten/Freiburg B. [3]1971. Die Lehre geht auf die Tangzeit im 8. Jh. zurück, der Text wurde erstmals im 18. Jahrhundert gedruckt. Siehe dazu S. 65.

[18] Ebd., S. 76. Mit diesen Worten beginnt der Text in der deutschen Übersetzung.

[19] Ebd., S. 62. Die Urvorstellung vom vollkommenen Wesen als Zweiheit in Einem findet sich in ähnlicher Weise im platonisch runden Menschen, in dem beide Geschlechter vereinigt sind.

[20] Ebd., S. 75.

Abb. 44 Ohne Titel (Misterium mortis), 13.12.1986

Abb. 45 Ohne Titel (Misterium mortis), 24.1.1987

Abb. 46 Ohne Titel (Misterium mortis), 1987

Abb. 47 Ohne Titel (Misterium mortis), 1986

Abb. 48 Ohne Titel (Misterium mortis), 1986/1987
Abb. 49 Ohne Titel (Misterium mortis), 1986/1987

Abb. 50 Ohne Titel (Misterium mortis), 7.2.1987

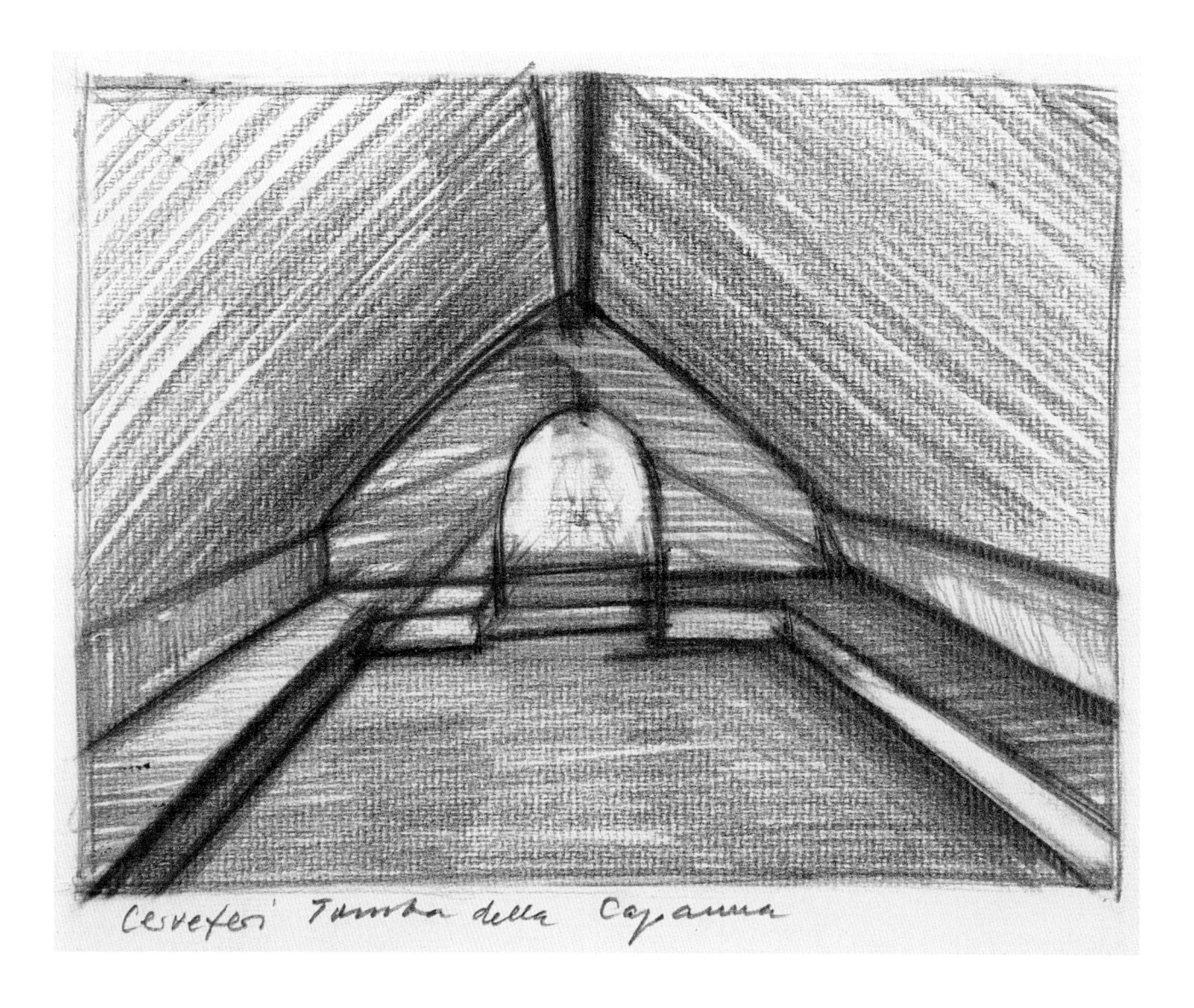

Abb. 51 Tomba della Capanna, Cerveteri (Skizze aus einem Skizzenbuch des Künstlers), 1986

Abb. 52 Ohne Titel (Misterium mortis), 3.3.1987

Abb. 53 Ohne Titel (Misterium mortis), 1987
Abb. 54 Ohne Titel (Misterium mortis), 7.5.1987

Abb. 55 Ohne Titel (Memento homo), 15.9.1987

Abb. 56 Ohne Titel (Memento homo), 14.9.1987

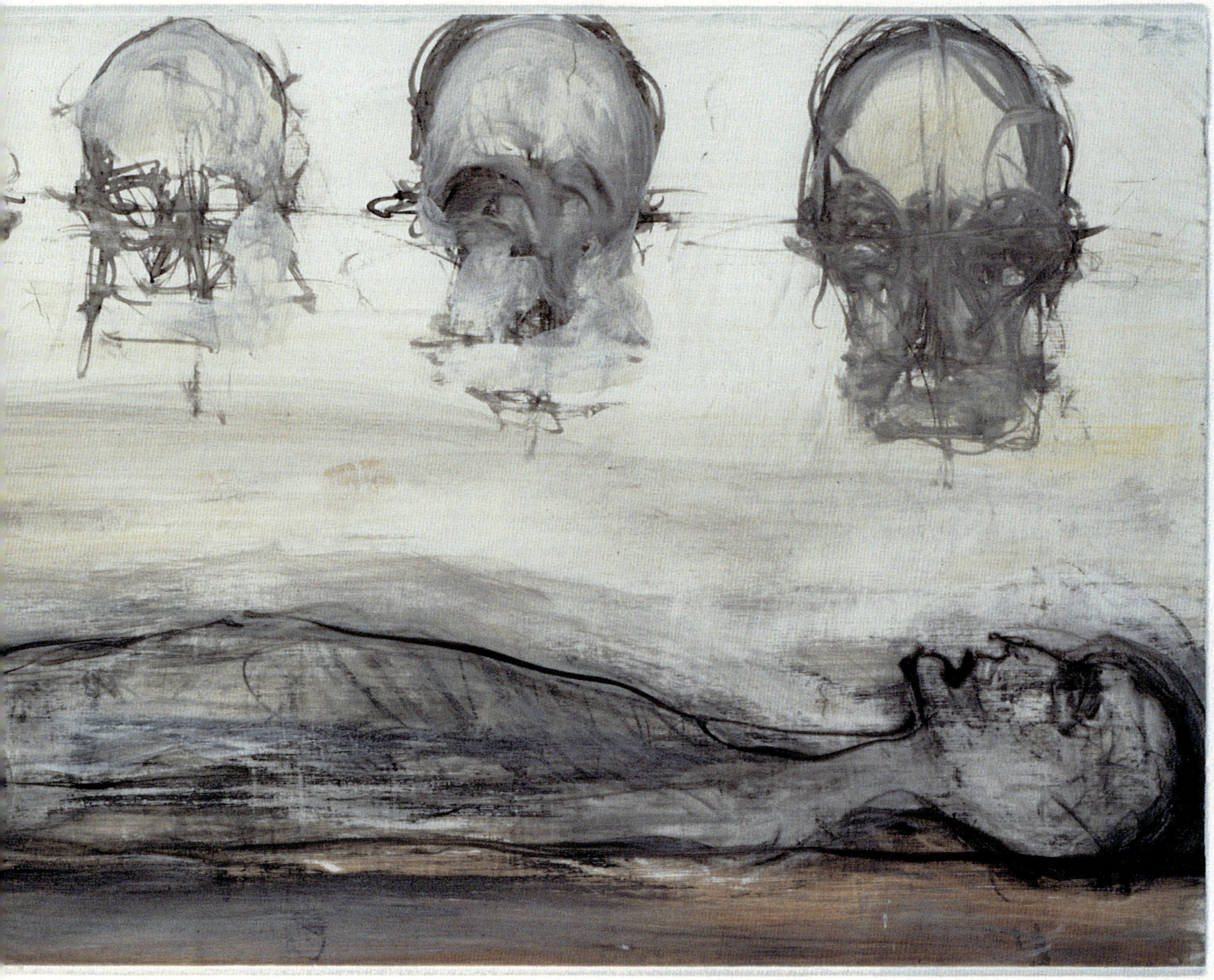

Abb. 57 Ohne Titel (Memento homo), 6.7.1987

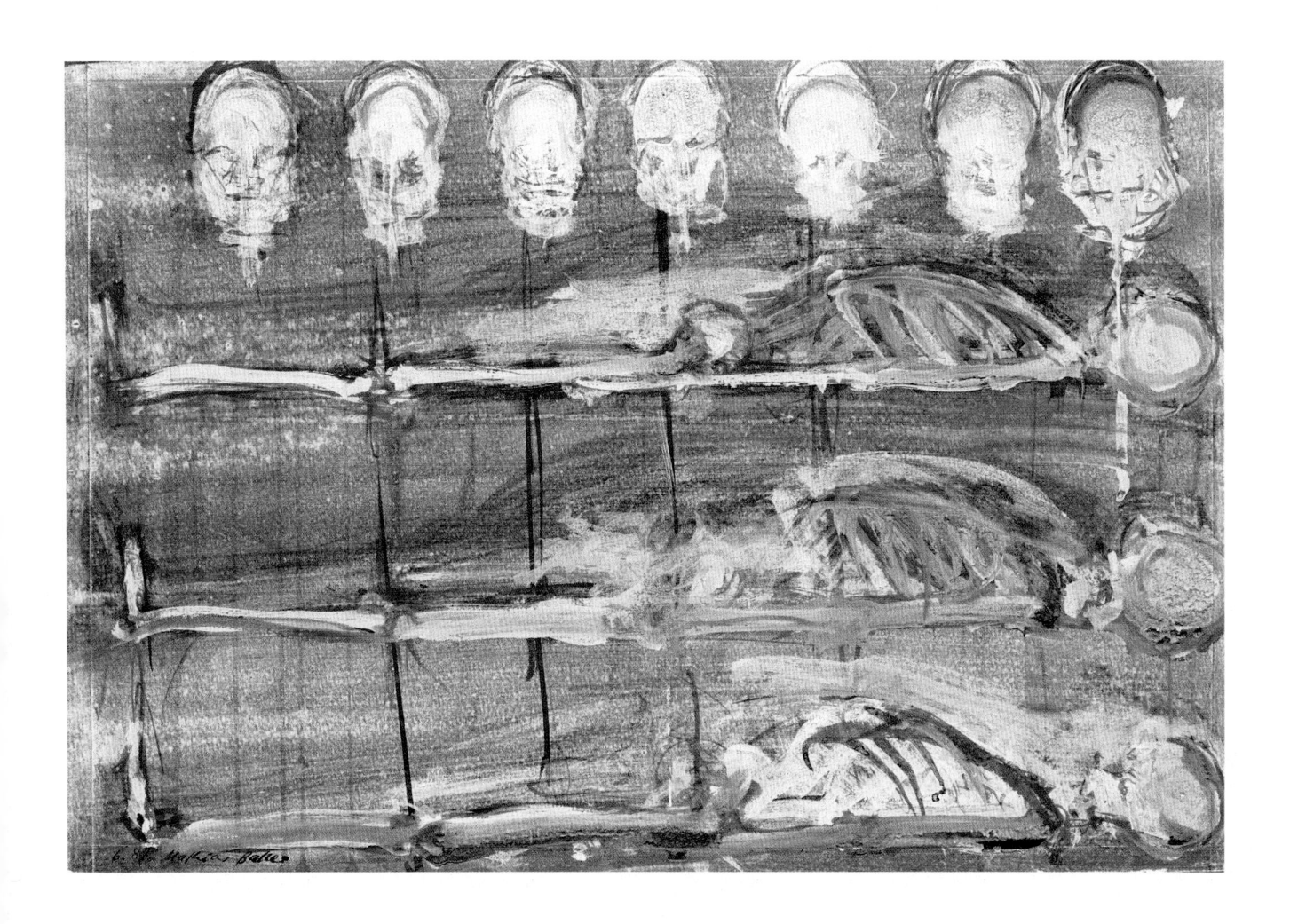

Abb. 58 Ohne Titel (Memento homo), 1987

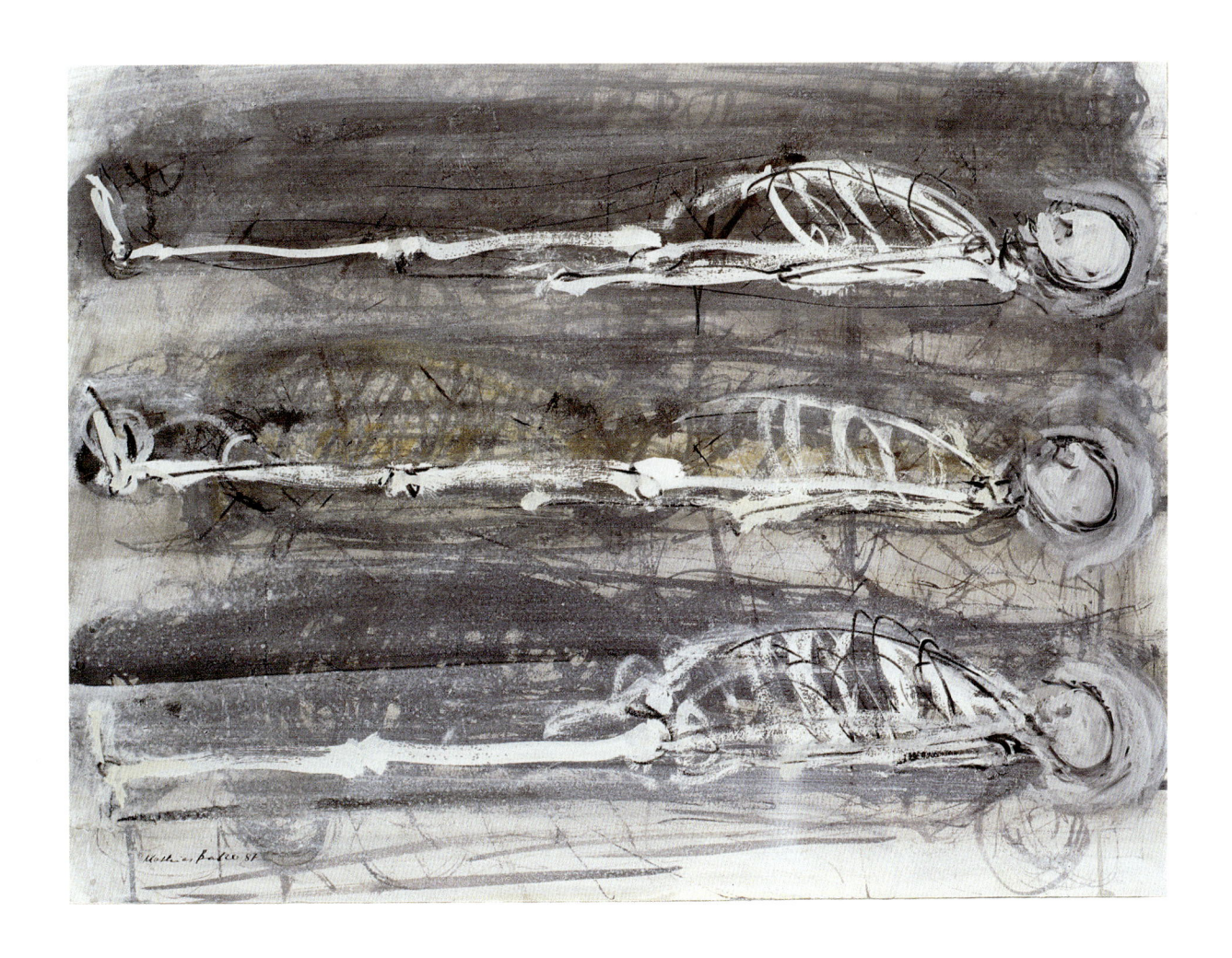

Abb. 59 Ohne Titel (Der Berg, wo Tod und Leben sich berühren), 7.5.1988

Abb. 60 Ohne Titel (Der Berg, wo Tod und Leben sich berühren), 6.5.1988

Abb. 61 Ohne Titel (Der Berg, wo Tod und Leben sich berühren), 1989

Abb. 62 Ohne Titel (Der Berg, wo Tod und Leben sich berühren), 14.12.1989

Abb. 63 Ohne Titel (Der Berg, wo Tod und Leben sich berühren), 14.12.1989

107

Abb. 64 Ohne Titel (Skizze aus einem Skizzenbuch des Künstlers), 23.1.1987

Abb. 65 Ombra della sera, 2. Jh. v. Chr.

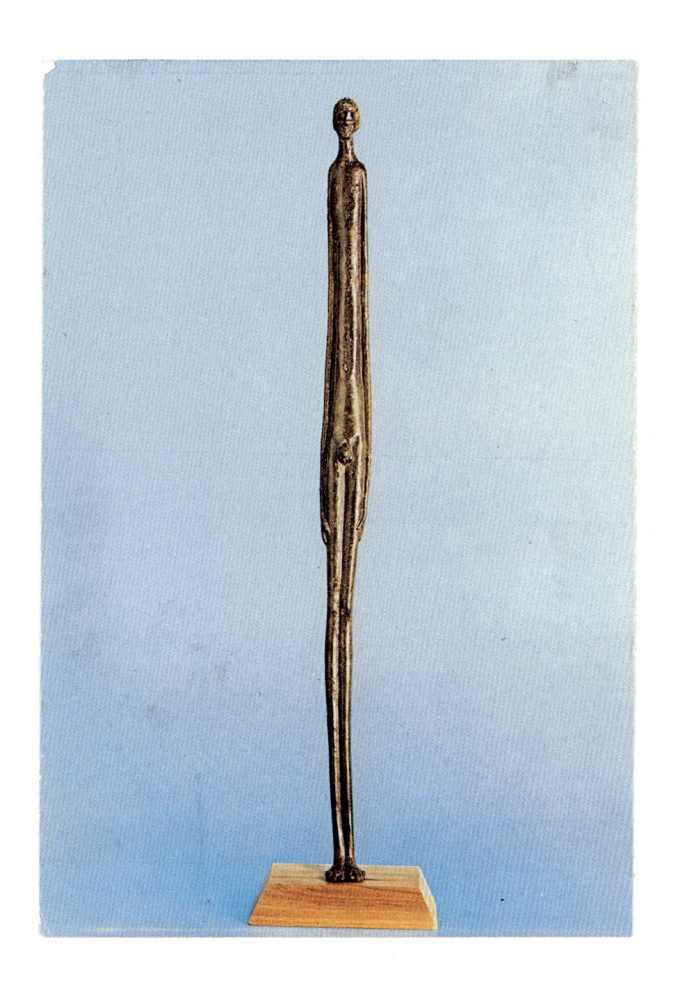

Abb. 66 Ohne Titel (Der Berg, wo Tod und Leben sich berühren), 27.3.1989

Abb. 67 Ohne Titel (Der Berg, wo Tod und Leben sich berühren), 26.4.1989

Abb. 68 Ohne Titel (Der Berg, wo Tod und Leben sich berühren), April 1989

Abb. 69 Ohne Titel (Der Berg, wo Tod und Leben sich berühren), 14.2.1990

Abb. 70 Ohne Titel (Der Berg, wo Tod und Leben sich berühren), 22.2.1990
Abb. 71 Ohne Titel (Der Berg, wo Tod und Leben sich berühren), 22.2.1990

Auf der Suche nach der einfachen Wahrheit

Wie vorausgehend festgehalten wurde, verbirgt das Rätsel des Todes eine transzendentale Erfahrung, die im ganzheitlichen Verständnis östlicher Weisheitslehren die existentiellen Grundfragen um Leben und Tod bewusst werden lässt. Insofern sich in Balzers Verständnis vom zyklischen Werden und Vergehen mit der künstlerischen Annäherung an die Wesenhaftigkeit des Todes die Vorstellung einer Rückkehr zum Ursprünglichen verbindet, orientiert sich seine Suche nach der individuell-persönlichen Identität immer mehr an der Frage nach dem Ursprung des Menschen überhaupt. Als «kulturgeschichtliche Suche nach dem Ursprünglichen»[1] bezeichnet der Künstler denn auch seine künstlerische und persönliche Intention, die er mit der Vorstellung von einer ursprünglichen, in der Vitalität eines paradiesischen Urzustandes wirkenden Kraft verbindet.[2]

Vor diesem Hintergrund entstehen die beiden letzten hier zur Diskussion stehenden Werkgruppen «Auf der Suche nach der einfachen Wahrheit» und «Savogniner-Blätter». Mit der Arbeit an diesen beiden Bildfolgen reflektiert die bis anhin auf das persönliche Erleben und Empfinden ausgerichtete Kunst Balzers im Kontext der jungschen Theorie des kollektiven Unbewussten und des Gilgamesch-Epos auch Anschauungen des allgemein Menschlichen.

«Auf der Suche nach der einfachen Wahrheit»

Unmittelbar im Anschluss an den Zyklus «Der Berg, wo Tod und Leben sich berühren» entsteht im Jahre 1990 eine Werkserie von etwa fünfzig Einzelblättern, die von einer Folge grossformatiger Radierungen («Savogniner-Blätter») gefolgt werden. Beeindruckt der Zyklus «Der Berg, wo Tod und Leben sich berühren» durch die Summe zahlreicher kleinformatiger Blätter, bestechen die neuen Arbeiten durch ein für Balzer ungewöhnlich grosses Format (Abb. 72–79). Mit diesem vergrössert sich nicht nur die Bildfläche um ein Vielfaches, sondern es verändert sich zugleich das Verhältnis von Figur und Raum. Bedingt durch das augenfällige Näherrücken von Bild und Betrachter, wandelt sich auch das Verhältnis der beiden zueinander. Der bis anhin zwischen Figur und Betrachter gewährte Raum, der Distanz schuf und zugleich ein Eindringen des Betrachters in den unmittelbaren Umraum der Figuren verhinderte, verringert sich. Dergleichen gelang es Balzer durch die abstrahierende Gestaltungsweise von Kopf und Körper, eine mögliche unmittelbare Kommunikation zwischen Bildfigur und Betrachter zu vermeiden. In vorliegenden Blättern hingegen vollzieht sich eine Akzentverschiebung der Darstellung in Bezug auf die Figurengestaltung, die fortan den Blick auf den Oberkörper gewährt. Hinter den zahlreichen Brustbildnissen befinden sich einzelne Köpfe, die aus der unergründlichen Tiefe des Bildraumes aufzutauchen scheinen und dem Betrachter frontal zugewandt sind. Obgleich die zumeist blockartige Gestaltung mit den bereits charakteristisch zu bezeichnenden eng am Körper anliegenden Armen die Körpergestaltung der gelängten Figuren in den frühen Arbeiten noch anklingen lässt, tritt hier nach jahrelanger Konzentration auf die Realisierung einer ausdrucksstarken und elementaren Gebärden- und Körpersprache das Gesicht als Kommunikationsträger in den Vordergrund. Auch dort, wo Oberkörper und Gesicht dargestellt sind, ist es meistens die Partie des Kopfes, die akzentuiert wird. Während die Gestaltung lediglich die Silhouette der Torsi betont und die Binnenzeichnung die Brustpartie andeutet, verdichtet sich die Linienführung um und innerhalb des Gesichtsbereichs. Selten jedoch werden Physiognomien deutlich, zumeist liegen sie verschattet oder gar entstellt im Dunkeln des Bildraumes. Auch in jenen Bildern, wo die Feder oder der Tintenstift die Gesichtszüge aus den unzähligen und unablässig übereinandergelegten Aquarellschichten aus der Tiefe herauszeichnet, einkreist oder verdeutlicht, verfolgen diese formalen Strategien nicht die Verdeutlichung individueller Merkmale. Die Grundform der kahlen Schädel ist auf eine lange Ovalform reduziert und die Gestaltung der Physiognomie bezeichnet lediglich die gesichtsspezifischen Kennzeichen wie Augen, Nase und Mund. Die Gestaltungsstrategie des Gesichts verfolgt demnach die konstruktive Offenlegung allgemeintypischer Orientierungsmerkmale, wobei sich deren «Koordinaten» zwischen den Augen über der Nasenwurzel schneiden und dergestalt den Konzentrationspunkt als «Kraft der Mitte» bestimmen. Während ein einzelner fragiler Strich die horizontale Mundlinie beschreibt, laufen die hohen und regelmässig geschwungenen Augenbrauen über den zumeist mandelförmigen Augen in der langen, schmalen Nasenlinie aus. Die Symmetrie der maskenähnlichen Gesichtsgestaltung und die Akzentuierung der Augenpartie verraten Gestaltungsstrategien, die denjenigen sumerischer und archaischer Kunst verwandt sind (Abb. 80).[3] Im Gegensatz zum geschlossenen, «stumm» bleibenden Mund ist es der offene, oftmals fragende Blick, der eine Form nonverbaler Kommunikation mit dem Betrachter etabliert. Geradewegs den Blick des Betrachters aufnehmend, scheinen die Augen diesen zu durchdringen, um sich wieder im Raum zu verlieren. Sowohl die frontale Organisation der Figuren als auch die Akzentuierung des Blicks und der Blickführung provozieren eine direkte und unausweichliche Konfrontation mit dem Betrachter, die beinahe etwas Magisches in sich birgt.

Das Dunkel der dominierenden braunen, ockerfarbenen, blauen oder schwarzen Aquarelltöne unterstreicht die unergründliche Identität der asketischen Figuren. Losgelöst von Individualität, Alter und Geschlecht schweben sie in oftmals rhythmisch organisierten Reihen im ortslosen Raum. Als ob die geisterhaften Erscheinungen seit jeher in der unergründlichen Tiefe des Bildraumes anwesend wären, spüren Feder und Stift sie in kreisenden, dicken, feinen, flüchtigen, aber dennoch gezielt gesetzten Bewegungsmomenten auf, um ihre Gestalt herauszubilden und zu beschreiben. Die Verwendung unterschiedlicher Malstifte wie Feder, Tintenstift und Graphitstift evoziert ein optisches und haptisches Nebeneinander von weichen und harten, flüssigen und fetten Linien, während im Gegensatz dazu die unzähligen Aquarellschichten opake und transparente Farbeinheiten bilden. Ein sich oft über die gesamte Bildfläche ausdehnendes und kaum sichtbares feines Liniennetz verkleidet, verfremdet oder verhüllt die darunter liegenden älteren Schichten. Linien werden fester und schwerer oder verjüngen sich, werden unterbrochen oder kreisen unermüdlich an einer Stelle, sind bewusst gesetzt oder nur flüchtig skizziert und kratzen an der Farboberfläche, wo sie Spuren hinterlassen. Als solche Spuren und Hinterlassenschaften der spontanen Eigenbewegungen der Hand werden sie nicht mehr vom kritisch-prüfenden Intellekt gesteuert, sondern folgen vielmehr der Bewusstseinkontrolle enthobenen linearen Impulsen. Der so entstehende formale Reichtum führt einerseits das in den Tuscharbeiten elaborierte Spiel mit Licht und Schatten weiter und andererseits beschwören Bildstrategien wie die gegenseitige Durchdringung von

Figur und Raum und die rhythmische Anordnung nebeneinander und hintereinander auftauchender Figuren oder Figurengruppen erneut ein Panorama von Tod und Auferstehung, das bereits Jahre zuvor auf dem historischen Mauerwerk des Haldensteiner Schlosskellers Gestalt wurde.

So wie die Figuren aus dem unergründlichen Dunkel des Bildraumes hervortreten und materielle Gestalt annehmen, treten sie mancherorts aus ihrem eigenen Körper heraus. Dort, wo sie ihrer Körperlichkeit enthoben sind, bleibt lediglich eine Silhouette als Chiffre der Gestalt sichtbar – als ob durch die damit vollzogene Sublimierung des materiell Stofflichen die metaphysische Wesenhaftigkeit der Geisterwesen vor Augen geführt werden soll. An anderer Stelle ist ein Schatten zu beobachten, der die Figur begleitet. Vergegenwärtigt dieser Schatten möglicherweise die verborgene andere Seite, den «dunklen Bruder» der Seele, den C. G. Jung als Sinnbild der dunklen und verdrängten Aspekte der Persönlichkeit beschreibt?[4]

Die auffallenden formalen Spezifika wie Frontalsicht, Akzentuierung des Kopfes als Sitz der Gedanken und des Geistes, die Betonung der Augenpartie und die abstrahierende Darstellungsweise des materiell Stofflichen sind Ausdruck einer Gestaltungsstrategie, die sich auf das Essentielle der menschlichen Erscheinungsqualität konzentriert. Das Festhalten grundlegender Gesichtsmerkmale kann als eine symbolische Abstraktion verstanden werden, die im Gegensatz zum Portrait – ein Titel, der hier und da auftaucht – das allgemein Menschliche und Typische festzuhalten versucht: «Ich versuche in meiner Arbeit, Verborgenes aus dem Dunkel des Unbewussten hervorzuheben, sichtbar zu machen. Mich interessiert nicht die äussere Erscheinung, z. B. das Portrait eines Menschen, das individuelle Gesicht. Ich suche dahinter das «Archetypische, das Urtypische». [...] Ich glaube, letztlich ist es die Sehnsucht, etwas zu erfahren, das hinter und unter der äusseren Realität, dem an Raum und Zeit gebundenen Bewusstsein, im Jenseitigen, Grenzenlosen, Unendlichen verborgen liegt.»[5]

Der hier auftauchende Begriff des «Archetypischen» verrät Balzers Kenntnis der jungschen Theorie des kollektiven Unbewussten, die hier nur in den wesentlichen Grundgedanken erörtert werden soll.[6]

Für die aus seiner therapeutischen Tätigkeit zusammengetragenen Inhalte in den Psychosen, Träumen und Visionen seiner Patientinnen und Patienten entdeckt Jung in religionsgeschichtlichen Texten, mythologischen Erzählungen und alchemistischen Traktaten u. a. analoge oder ähnliche Bilder. Auf Grundlage dieser Beobachtung entwirft Jung die Vorstellung von einem kollektiven Unbewussten, welches diese Bilder in der allen Menschen eigenen seelischen Anlage überpersönlicher Natur speichert. Diese universale psychische Disposition begründet für Jung die Annahme einer unbewussten und selbsttätigen seelischen Existenz, die das sich im Laufe der Menschheit entwickelte Potential allgemeiner und typischer Erfahrungsstrukturen in Situationen wie Angst, Gefahr, Kampf, Hass und Liebe u. a. bewahrt. Die gespeicherten Bilder werden dem Bewusstsein in der Brechung von unterschiedlichen Motiven in mythologischen Erzählungen, Märchen und religiösen Überlieferungen zugeführt. Diese bezeugen archetypische Vorstellungen und sind als Bilder von symbolischem Wert zu lesen. Die archetypischen Vorstellungen können in verschiedenen und wechselnden Konstellationen und Erscheinungsformen auftauchen, wobei sie den jeweils gleichen Archetyp als Bedeutungskern enthalten; so zum Beispiel den Archetyp des Mütterlichen im Bild der Grossen Mutter, der Göttin oder der Jungfrau Maria. Archetypische Vorstellungen transportieren folglich das Wissen der Menschheit um die Zusammenhänge zwischen Mensch und Kosmos in ein Bild. Dieses Bild ordnet und verbindet wiederum unzusammenhängende sinnliche und geistige Wahrnehmungen des Menschen in der Welt. Insofern die in den archetypischen Vorstellungen angelegten urtümlichen Bilder in der gedanklichen Formulierung eine Idee zum Ausdruck bringen, funktionieren diese für Jung als Träger von Sinn überhaupt. Als solche transportieren sie Inhalte und Verhaltensweisen, die überall und in allen Individuen die gleichen sind. Dieses Bild gewordene Wissen der Menschheit sammelt sich im kollektiven Unbewussten, das Ursprung aller psychisch-schöpferischen Gestaltung in Ritus, Religion und Kunst ist und die Verwurzelung der menschlichen psychischen Disposition in der Geistesgeschichte verdeutlicht.

Unter Berücksichtigung dieser tiefenpsychologischen Vorzeichen ist der Werktitel «Auf der Suche nach der einfachen Wahrheit» in Beziehung zu setzen mit der Suche nach dem Ursprünglichen im Sinne des «Mutterbodens des allgemein Menschlichen». Das Ursprüngliche liesse sich somit als Synonym für das Naturgegebene, Natürliche und Elementare im Gegensatz zum Kultivierten und Zivilisierten verstehen. Diese Begriffe verhandeln Vorstellungen, die allesamt eine Sehnsucht nach dem paradiesischen Urzustand der Menschheit anklingen lassen. Mit dem Begriff der Wahrheit verbindet sich gleichzeitig die Idee der Erkenntnis im Sinne von Übereinstimmung von Geist und Sein, die ihrerseits Sinn stiftet und dazu beiträgt, die Einzelphänomene der Welt in ihrem Gesamtzusammenhang zu erkennen und zu begreifen. «Auf der Suche nach der einfachen Wahrheit» benennt also die kulturgeschichtliche Suche nach Ursprünglichkeit, die im ganzheitlichen kosmischen Verständnis des Künstlers in der «Einheit von Natur und Mensch»[7] gegeben ist. Die Suche nach jenem ursprünglichen und unversehrten Zustand führt den Künstler nicht nur in die Auseinandersetzung mit dem kollektiven Unbewussten der menschlichen Psyche, sondern veranlasst ihn zugleich, über das Verhältnis des Menschen zur Natur in Vergangenheit und Gegenwart nachzudenken.

Das Verhältnis des Menschen zur Natur muss nicht beschönigt werden. Vielmehr hat sich der Mensch im Verlaufe der Entwicklung der menschlichen Zivilisation immer mehr von der ursprünglichen Einheit entfernt und hat folglich auch die Kluft zwischen sich und seinem natürlichen Lebensraum immer unüberwindbarer werden lassen. Die von Balzer gesammelten Zeitungsartikel zur ökologischen Situation zeichnen denn auch ein bedrohtes Bild unseres natürlichen Lebensraumes.[8] Im Gedankenkosmos von Mathias Balzer sind nicht nur Gewalt, sondern auch die Zerstörung der Natur als Antipoden zur identitäts- und gemeinschaftsstiftenden natürlichen Ordnung zu verstehen, da der Mensch als Teil der Natur seine Verantwortlichkeit ihr gegenüber nicht einzulösen bereit ist. Für den Menschen und Künstler Balzer besteht jedoch die kulturelle und moralische Aufgabe der Kunst nachgerade darin, auf gesellschaftliche Veränderungen aufmerksam zu machen und im Bewusstsein, Teil eines grösseren (Sinn-)Zusammenhangs zu sein und «Verantwortung gegenüber der Menschheit»[9] wahrzunehmen. Balzer will ferner diesen verantwortungsvollen Umgang mit der Natur als Ausdruck von Kultur verstanden wissen, weshalb für ihn nachgerade die korrumpierte Verbindung des Menschen zur Natur einen Kulturverlust bedeute, der zugleich einen «Verlust des Geschichtsbewusstseins»[10] nach sich ziehe. Insofern Balzers künstlerische und moralische Grundanschauung von der Vorstellung der Notwendigkeit geprägt ist, den Menschen als Teil eines grösseren (Sinn-) Zusammenhangs zu betrachten, verfolgt sein künstlerisches Schaffen auch das Ziel, das Verhältnis des Menschen zur Natur im Zusammenhang von Mensch, Kosmos und Geschichte zu denken und zu bedenken. Folglich zieht für Balzer die kulturgeschichtliche Suche nach Ursprünglichkeit immer auch die Bewusstwerdung der eigenen Geschichtlichkeit, d. h., die Verwurzelung des menschlichen Individuums in der universalen Geistes- und Kulturgeschichte nach sich. Vor diesem Hintergrund erklärt sich sowohl seine Beschäftigung mit dem kollektiven Unbewussten als auch sein literarisches Interesse an mythologischen Erzählungen und Märchen. Beide veranschaulichen in Form von Bildern ursprüngliche allgemeine Erfahrungen und Vorstellungen des Menschseins in der Welt. Während der psychische Bereich des kollektiven Unbewussten Bilder menschlicher Urerfahrungen speichert, reflektieren mythologische Erzählungen u. a. das Verhältnis des Menschen zu den natürlichen Urgewalten. Die pragmatische Darstellungsweise von für das menschliche Kollektiv bedeutsamen Wirklichkeitserfahrungen in der mythischen Erzählung schafft eine Synthese von zwar sinnlich wahrnehmbaren, aber nicht benennbaren oder intellektuell fassbaren Erfahrungen in der Welt. Folglich belegen Mythen das rationale Bedürfnis des Menschen, die Welt als etwas ihm gegenüberstehendes Fremdes in etwas Verstehbares zu verwandeln, d. h., die einzelnen Phänomene in einem grösseren Sinnzusammenhang zusammenzufassen, der seinerseits die Wahrnehmung von Wirklichkeit reflektiert und strukturiert. Gleichzeitig beschreiben Mythen Urzustände des eigentlichen Menschseins in der Welt und setzen die menschliche Erfahrung in Beziehung zur Natur, zu den Göttern und zum menschlichen Kollektiv. Somit ermöglicht der Mythos als ein System der Welterklärung eine Form der Identifikation und funktioniert daher sowohl sinn- als auch gemeinschaftsstiftend.[11]

Balzers Interesse an mythologischen Erzählungen gründet möglicherweise auf seinem moralischen Bewusstsein für die korrumpierte Einheit von Natur und Mensch. In einer Zeit der fortschreitenden Zerstörung des natürlichen Lebensraumes sucht er den Mythos von einer vergangenen Unversehrtheit in einer geistigen Kultur zu finden, in welcher das Schicksal der menschlichen Zivilisation begründet liegt. In der moralischen Auffassung von Mathias Balzer verweist die Fragestellung nach Ursprung und Schicksal des individuellen und kollektiven Menschen gleichzeitig auf sein Anliegen, über die Grenzen der personalen Ich-Existenz hinaus Einsichten in eine transpersonale, metaphysische Vorstellungswelt des allgemein Menschlichen zu erfahren.

«Savogniner-Blätter»

Noch während der Ausstellung der Arbeiten von «Der Berg, wo Tod und Leben sich berühren» und «Auf der Suche nach der einfachen Wahrheit» in der Sala Segantini in Savognin im Sommer 1990, entsteht bis Ende des Jahres eine kleine Folge von grossformatigen Radierungen. Die vom Künstler als «Savogniner-Blätter» bezeichnete Folge bedeutet eine inhaltliche Fortsetzung der Arbeiten von «Auf der Suche nach der einfachen Wahrheit», deren

Ausdrucksqualität sich in der «Einfachheit und Unmittelbarkeit [...] auf der grösseren Bildfläche»[12] zeigen soll.

Die seit Jahren unbenutzt in einem Nebenraum der Ausstellungsräumlichkeiten stehende Tiefdruckpresse, einstmals im Besitz von Gottardo Segantini und heute Eigentum der Vereinigung Pro Segantini in Savognin, ist Anlass dafür, den Druck grossformatiger Radierungen überhaupt in Betracht zu ziehen. Erst die durch Mathias Balzer vollführte Instandsetzung der Druckpresse ermöglicht die Realisierung der Savogniner-Mappe. Während der viereinhalb Monate dauernden Arbeit entstehen vierzehn Blätter, von denen wiederum fünf unter dem Titel «Portraits 1–5» zu einer Bildfolge zusammengeführt sind (Abb. 81–85).

In ihrer formalen Bildgestaltung reflektieren die Radierungen die Bildlichkeit der vorangegangenen Aquarellarbeiten. Sowohl die den Betrachter unmittelbar herausfordernde Frontalität der asketischen, beinahe das gesamte Bildgeviert bestimmenden Brustbilder als auch das Hervortreten der Gestalten und Gesichter aus dem unergründlichen Dunkel sind hier die kompositionsbestimmenden Aspekte. Die mächtigen Hauptfiguren werden von aus dem Hintergrund auftauchenden kleineren ganzfigurigen Gestalten oder von einer nur undeutlich angezeigten Kontur eines Gesichts begleitet. Die eigenartige Reihung der drei weiblichen Halbfiguren und das Hinter- und Übereinanderliegen der Gesichter kennen wir bereits aus frühen Arbeiten. Der Umraum der schwebenden Figuren ist erneut in das für Balzers Bildsprache charakteristische «mythische Dunkel» getaucht. Die Gesichtsgestaltung vermeidet die Wiedergabe individueller Charakteristika, die Darstellung der Physiognomie konzentriert sich in abstrahierender Formelhaftigkeit auf die elementaren Merkmale des typisch Menschlichen. Durch das fehlende Haupthaar – lediglich bei der Innana-Figur (Abb. 85) meint man, eng am Kopf anliegende und auf die Schultern fallende Haare zu erkennen – wird eine Zuordnung zum Geschlecht nahezu verunmöglicht. Dieses erklärt sich lediglich über die Namensgebung der einzelnen Titel. Balzers Gestaltungsintention zeigt das Bedürfnis nach bildnerischer Verfremdung, die anhand des Produktionsvorganges illustriert werden soll. Während in einem ersten Schritt die Radiernadel die Härte des metallenen Untergrundes der Zinkplatte auflöst und im zeichnerischen Fluss mit einem lebendigen Liniennetz überzieht, wird an anderer Stelle die Topografie eines Gesichts aufgebaut (Abb. 86). In einem zweiten Schritt deckt Balzer dieses filigrane Bildgefüge zu und verfremdet es. Mit Hilfe eines mehrstufigen Ätzvorgangs wird sodann der Prozess des Zeichnens, Abdeckens und Ätzens in Gange gesetzt, der das Spiel differierender zeichnerischer und malerischer Ausdrucksmöglichkeiten erlaubt (Abb. 85). Helle Lichtpunkte neben satten, unergründlichen Tiefen, feinkörnige Linien der Nadelspitze neben breiten, opaken Flächen des breiten Pinsels und dichte Lineamente neben filigran-durchlässigen Konturen. In gewohnter archäologischer Akribie erkundet Balzer auf der Platte mit freien und spontanen Bewegungen des mit der Zuckerlösung getränkten Pinsels die gestalterische Vielfalt der Tiefdrucktechnik. Durch die Anwendung der Technik der «Reservage» (oder «Sucre»-Technik) erweitert er sodann das Experimentierfeld malerischer Gestaltungsmöglichkeiten. Bei diesem effektvollen Aussprengverfahren wird die Zeichnung mittels einer konzentrierten Zucker- und Gummiarabikumlösung mit Pinsel (oder Feder) auf die Metallplatte aufgetragen, wobei besagte Stellen unter heissem Wasser den nachträglich darüber gelegten Ätzgrund absprengen lassen und für einen erneuten Ätzgang freilegen. Die mit dem Pinsel aufgetragene Zuckerlösung ermöglicht einen exakt druckfähigen Ton, wie die breite Konturzeichnung der einzelnen Gesichter und die Gestaltung des Gerippes der Udug-Figur zeigen.

Balzers jahrelange Auseinandersetzung mit unterschiedlichen druckgrafischen Techniken und seine Bereitschaft, beim Druck auftauchende Überraschungen und «Fehler» in den weiteren Bildfindungsvorgang einzubauen, ermöglichen das Herausarbeiten optischer Effekte, die ansonsten für die Malerei und die Zeichnung kennzeichnend sind. Dies erlaubt dem Künstler denn auch, die während Jahren in der Temperamalerei erprobten Ausdrucksmittel auf die Druckgrafik zu übertragen und die unterschiedlichen stilistischen Ausdrucksmöglichkeiten von grafischen und malerischen Qualitäten im grossen Format zu steigern. Durch Ritzen mit der stumpfen Radiernadel wird die lineare Zeichnung im Ätzgrund freigelegt und in die Platte eingeätzt, während mittels der Aquatintatechnik differierende Tonabstufungen erzielt werden. Gesichter und Konturen werden so verschattet oder entstellt. Ein scheinbar von Innen leuchtendes Licht löst die materielle Stofflichkeit des Körpers auf (Abb. 81) oder lässt die Figuren mit dem Hintergrund oder mit dem Körper einer anderen Figur verschmelzen (Abb. 83). Oftmals scheinen die zu einer Gruppe angeordneten Gesichter Variationen ein und derselben Physiognomie zu sein. So meint man zum Beispiel im Jonas-Blatt innerhalb der eigenartig blütenförmig angeordneten Komposition einen Hauptkörper mit sechs Köpfen zu erkennen (Abb. 82). Handelt es sich möglicherweise um die visuelle Vergegenwärtigung von Werden und Vergehen oder bezeichnen die Köpfe einzelne Bewusstseinsstufen im Leben eines Menschen? Oder handelt es sich bei den geschlechts- und scheinbar alterslosen Figuren um Gestalten aus dem Dunkel des Unbewussten, die im «mythischen Totenland»[13] schlummern und ein uraltes Wissen um das allgemein Menschliche in sich tragen? Was will uns zum Beispiel die Innana-Figur bedeuten, deren vormals gestaltete Physiognomie unter dem später darüber gelegten Liniengefüge fast verschwindet, aber durch die subtile Akzentuierung von Augen, Nase und Mund im gleichmässigen Oval der Schädelform dennoch sinnlich wahrnehmbar bleibt (Abb. 86 und 87)? Die unter dem hohen Brauenbogen tiefliegenden Augen blicken geradeaus, wohingegen der Mund verschlossen bleibt. Ihr Blick, der aus dem unergründlichen zeitlosen Dunkel zu kommen scheint, verliert sich im Raum, während sich über ihr Gesicht das Geheimnis uralten Wissens zu legen scheint.

Wie aus der Namensgebung der einzelnen Titel hervorgeht, handelt es sich bei den dargestellten «Portraits» um Figuren aus der alttestamentlichen Geschichtsschreibung und der sumerisch-semitischen Mythologie. In der Auseinandersetzung mit diesem Themenkomplex erweitert Balzer seine künstlerische Arbeit um einen weiteren kulturhistorischen Deutungsaspekt, der gemäss eigener Aussage Distanz zu den persönlichen Inhalten seiner Kunst schaffen soll.[14]

Die Darstellung der einzelnen Figuren unterlässt die ikonografische Identifizierung, was sich zumindest bei der Jonas- und der Hiobfigur durch die gegebene bildliche Überlieferungstradition angeboten hätte. Von Balzer selber haben wir aber bereits erfahren, dass er sie nicht als eigentliche Portraits historischer oder mythologischer Gestalten verstanden wissen möchte, sondern diese vielmehr als Sinnbilder für das allgemein Menschliche zu lesen sind. Ihre tiefere Bedeutung erschliesst sich daher eher aus dem ihnen zugrundeliegenden mythologischen Subtext, der mit Balzers künstlerisch-moralischer Grundanschauung in Beziehung gebracht werden soll.

Mit der Wahl der beiden alttestamentlichen Figuren Jonas und Hiob[15] überführt Balzer einmal mehr den existentiellen Fragenkomplex um Leiden, Gehorsam, Hoffnung und Sinn ins Bild. Wie es der biblische Text überliefert, steht der Prophet Jonas an einem Scheideweg der Entscheidung zwischen Verweigerung und Gehorsam gegenüber Gott. Insofern Jonas durch seinen Gehorsam zum Allmächtigen seine Besinnung auf den einzig wahren Glauben bezeugt, bewirkt er die Bekehrung der Einwohner von Ninive. Demzufolge versinnbildlicht er als prominentes Bildthema der frühchristlichen Ikonografie in den Darstellungen der frühchristlichen Malerei und Sarkophagreliefs die im Glauben bezeugte Hoffnung auf Auferstehung.

Die Prophetenfigur Hiob hingegen verkörpert als Typus des Frommen, Weisen und Gerechten das christliche Vorbild für die im Leiden erduldete gottergebenen Geduld. Beide Figuren werden einer Prüfung Gottes unterzogen, die ihren Glauben an Gott auf die Probe stellen will. Sowohl Hiob als auch Jonas bestehen die Prüfung Gottes in ihrer Hoffnung auf Erlösung und vergegenwärtigen in ihrer Standhaftigkeit ihr Vertrauen in Gott. Es ist also anzunehmen, dass im Kontext von Balzers Bildlichkeit des leidenden Menschen sich mit den beiden alttestamentlichen Figuren möglicherweise das Prinzip Hoffnung verbindet. Mit den anderen Figuren Inanna, Udug oder den Hierodulen treten wir in den kulturhistorischen Glaubenskreis der sumerisch-semitischen Hochkultur ein, als dass ihre «Identität» Balzers Beschäftigung mit der sumerisch-babylonischen Dichtung des Gilgamesch-Epos verrät.[16] Das Zwölf-Tafel-Epos berichtet von der tragischen Lebens- und Sinnsuche des vorhomerischen Helden Gilgamesch, dessen Wunsch nach monumentalem Ruhm und Unsterblichkeit ihn dazu treibt, die Götter herauszufordern. Erst durch den provozierten Tod seines Freundes Enkidu, der für die frevelhafte Tat der Gotteslästerung mit seinem Leben bezahlen muss, wird unserem Helden bewusst, dass weltlicher Ruhm über die Tatsache des Sterbens nicht hinweg tröstet.[17] Der Tod seines Freundes führt Gilgamesch nachhaltig die eigene Sterblichkeit vor Augen, weshalb er sich auf die abenteuerliche und mühevolle, aber letztendlich vergebliche Suche nach dem ewigen Leben begibt, die zur tragischen Lebenssuche wird.[18] Weil Gilgamesch aber der Sterblichkeit zu entfliehen versucht, begehrt er das Unmögliche: Unsterblichkeit. Auf seiner Suche nach Unsterblichkeit muss der Held unzählige Gefahren bestehen, um am Ende vom unsterblichen Utnapischtim – eine Art sumerischer Noah – zu erfahren, dass es des Menschen Bestimmung sei, zu sterben.

Inanna, Udug und die Hierodulen gehören allesamt dem sumerisch-babylonischen Glaubenskreis an, dessen Pantheon ein Kreis von Naturgottheiten ist.[19] In einer noch bestehenden Einheit von Natur- und Sozialwelt reflektieren diese Gottheiten kosmologische Erfahrungen des Menschen in und mit der Natur und sind somit Ausdruck der strukturellen Verbindung des Menschen mit seinem Lebensraum. Die existentielle Erfahrung der Furcht vor dem Tod und dem Dasein in der Unterwelt bestimmt den chthonischen Charakter der sumerischen Frömmigkeit, deren tragende Gestalt die gewaltige Inanna (semitisch: Ischtar) ist. Um deren vielfältiges, beinahe alle gegensätzlichen Facetten des Weiblichen einschliessendes Wesen, ranken sich die geheimnisvollen Mysterien eines Fruchtbarkeits- und Liebeskultes, der in der Erkenntnis von Werden und Sterben den Kreislauf von Leben und Tod als das höchste Prinzip der Weltordnung in sich trägt. In Inannas Wirkungskreis gehören die Hierodulen als Dienerinnen der Fruchtbakeits- und Liebesgöttin, die in Analogie zur fruchtbarkeitsstiftenden Kultzeremonie des Hieros gamos (griech.: heilige Hochzeit) ihre Dienste als Tempelprostituierte anbieten – und so zugleich mithelfen, die finanziellen Einnahmen des Heiligtums zu sichern.

In der Religion Sumers, in welcher der Totenkult und der Jenseitsglaube eine herausragende Stellung einnehmen, dürfen jedoch die zahlreichen Totengeister im Himmel und auf Erde nicht fehlen. Nur wenige von ihnen sind dem Menschen wohlgesinnte Schutzgeister. Die meisten werden als Ausgeburt der Hölle gefürchtet, wobei die sieben bekanntesten unter ihnen alle den Namen Udug führen. Auch wenn vor diesem kulturhistorischen und mythologischen Hintergrund die Identifizierung der drei Figuren mit dem chthonischen Bereich der Erde und der Unterwelt einmal mehr Balzers künstlerischen Kosmos von Leben, Tod und Auferstehung bestätigt, kann alleinig über die mythologische Identifizierung der Figuren der tiefere Sinn oder die künstlerische Intention noch nicht erfasst werden. Insofern Balzers Bildlichkeit der Fragenkomplex zur existentiellen Situation des Menschen in der Welt zugrunde liegt, müssen die von ihm erörterten Fragen im kulturellen Umfeld der sumerisch-babylonischen Dichtung gesucht werden. Ein Anhaltspunkt hierfür findet sich in einem Aufsatz von Rudolf Kreis, der unter Berücksichtigung ökologischer und politischer Aspekte die nachhaltigen strukturellen Veränderungen in der Entwicklung des sumerisch-babylonischen Glaubens reflektiert.[20] Als Begleittext zu oder gar Ausgangspunkt von Balzers Arbeiten sollen die von Kreis formulierten Gedanken in Beziehung zu den Radierungen gebracht werden.

Kreis' These zeigt auf, dass die in den chthonischen Göttern zum Ausdruck kommende Verbundenheit von Mensch und Mutter Erde im Verlauf der fortschreitenden Geschichte der Zivilisation nicht von Dauer sein konnte. Während die sumerische Religion noch stärker den chthonischen Gottheiten verhaftet war, ist bei den späteren Babyloniern und Assyrern eine Hinwendung zu den astralen Mächten festzustellen. Die Akzentverschiebung von den dunklen Mächten der Unterwelt hin zu den Lichtgestalten des Himmels reflektiert eine geistige kulturelle Entwicklung unter Führung des Logos. Dieser Wandel ist Ausdruck einer Glaubenskrise und bedeutet zugleich den Versuch, aus der Zirkularität des Erkennens auszubrechen. Der Glaube an eine göttliche Seinskraft in den Zyklen der Natur stellt die Moral der Götter in Zeiten ökologischer Krisen, die das alte Mesopotamien bereits zu Genüge durchlaufen hat, zusehends in Frage. Die Kultivierung der Natur (u. a. Waldrodungen und Dammbau mit den daraus resultierenden Folgen wie Überschwemmungen und Seuchengefahren) bedeutet einen nachhaltigen Eingriff in den natürlichen Regelkreis. Daraus folgt, dass die negativen Folgen der Umweltsanierungen auf Kosten der Umwelt der mächtigen Fruchtbarkeitsgöttin angelastet werden und sich ihr Mythos zusehends verdüstert. Die sich entwickelnde «Organisationskompetenz»[21] des Menschen über die Aussenwelt führt ihm gleichzeitig seine Handlungsmacht ins Bewusstsein und er beginnt, zwischen sich und der Aussenwelt zu unterscheiden. In diesem Prozess der Trennung wird zugleich das Hinaustreten des Menschen aus der Natur vollzogen, der sich in einer anderen Welt wiederfindet: derjenigen der Kultur. Das Gilgamesch-Epos reflektiert nachgerade diesen kulturellen Bewusstseinsprozess zur Zeit der ersten Frühen Hochkulturen, indem es die Problematik zwischen Natur und Kultur thematisiert. So stellen beispielsweise die Götter dem Stadtmenschen Gilgamesch angesichts seines willkürlichen Herrschaftsanspruchs den Steppenmensch Enkidu als Rivale und späteren Gefährten gegenüber. Bevor Enkidu jedoch Gilgameschs Freund werden kann, muss er auf das Niveau des Stadtkulturmenschen gehoben werden. Dieser Menschwerdungsprozess im Sinne der Kultivierung natürlicher Instinkte wird im Epos durch den heiligen Eros bewirkt, der in Gestalt der Tempeldirne als Vermittlerin zwischen Stadt (= Tempel) und Vegetationsbezirk (= Inanna) vollzogen wird.[22] Der Akt der Menschwerdung entfremdet Enkidu jedoch von den Tieren und der Naturhaftigkeit seines ursprünglichen Wesens.

Ein weiteres Beispiel für die Inbesitznahme der Natur durch die Kultur zeigt die Rodung des heiligen Zedernwaldes im fernen Libanon durch die beiden Gefährten. Wie Robert P. Harrison in diesem Zusammenhang bemerkt, kommt dem Wald im Epos die Rolle des ersten Gegners des Stadtmenschen Gilgamesch zuteil.[23] Die gefährliche Waldexkursion unter dem Schutz des Sonnengottes Utu und die Ermordung des Walddämons Chumbaba reflektieren die historisch belegten Rodungen zahlreicher Waldgebiete, die durch die kostbare Mangelware Holz im Schwemmland Mesopotamiens unabdingbar wurden.[24] Noch mancherlei andere Geschichten des Epos berichten von dem ökologischen Ungleichgewicht und von den daraus resultierenden Schuldzuweisungen an die bestehende Götterordnung. Die Last kultureller Normen, die dem heiligen Durcheinander von ungeregelten Fruchtbarkeitskulten und neuen sozio-kulturellen und ökologischen Bedingungen Einhalt bieten wollen, lässt die Erde aufschreien: «Wenn Gilgamesch der Sonne folgend das Leben sucht und der chthonischen Mutter Erde den Rücken kehrt, dann ist das mehr als bloss ein Männeraufstand gegen das Matriarchat».[25] Die religionspolitische Neuorientierung ist zugleich Ausdruck grundsätzlicher Neuregelungen unter der Führung eines gewonnenen kulturellen Bewusstseins, das die anfängliche Einheit von Natur und Mensch auflöst in die bipolare Setzung von Natur und Zivilisation.

«... das Woher kann womöglich das Wohin offenbaren ...»

Der künstlerische Prozess, den Mathias Balzer in der Auseinandersetzung mit den dargelegten Themenkomplexen durchläuft, reflektiert gleichzeitig Stationen der eigenen Lebenssuche, oder mit Balzers eigenen Worten gesprochen, Stationen auf der Suche nach der eigenen Identität. Insofern sich diese Lebenssuche eng an die existentiellen Bedingungen des Menschseins, d. h. der «Natur im Menschen» anlehnt, berührt sie im ganzheitlichen Denken des Künstlers auch das Verhältnis von Mensch und Natur. Die Geschichte des Naturbegriffs zeigt jedoch, dass sich dieser im wesentlichen durch die Entgegensetzung zum Menschlichen entwickelt hat, wonach sich Natur in Abgrenzung zu Kultur, Zivilisation, Konvention und Technik behaupten muss.[26] Diese bipolare Setzung wird sinngemäss durch die Formel von «erster Natur» und «zweiter Natur» veranschaulicht und will die Verantwortlichkeit des Menschen bei der Gestaltung der zweiten Natur zum Ausdruck bringen, da diese die Kultivierung der ersten bedeutet.²⁷ Diese Kultivierung versteht sich insofern als einen Prozess der Zähmung, als dass der Mensch versucht, sich aus der Abhängigkeit von den äusseren Naturbedingungen zu befreien – um sich jedoch heute in einer Abhängigkeit von Zivilisation und Technik wiederzufinden. In der Geschichte der Menschheit, die zugleich die Geschichte der Zivilisation schreibt, befindet sich der heutige Mensch in seinem Verhältnis zur ersten Natur in einer äusserst kritischen Phase, die eine ökologische Krise anzeigt. Diese Krise vergegenwärtigt nicht nur unsere Abhängigkeit von den kulturellen Errungenschaften, sondern gleichzeitig unser Angewiesensein auf eine unversehrte Natur. Das anthropozentrische Weltbild, das Balzer in der hierarchischen Ordnung des theologischen Konzepts der Schöpfung mit dem Menschen an dessen Spitze bestätigt sieht, führt jedoch an die Grenzen der Belastbarkeit und Ausbeutbarkeit des Organismus.²⁸ Über Jahrhunderte hinweg betrachtete der Mensch die Natur als eine Quelle unerschöpflicher und unendlicher Möglichkeiten und die dämmernde Einsicht in die Grenzen der Belastbarkeit und in die Fragilität des Organismus bedeutet eine Erfahrung, die «sich gut als eine Rückkehr zur Endlichkeit»²⁹ beschreiben liesse. Die Geschichte der Zivilisation liest sich folglich auch als eine Geschichte des Verfalls, die uns aufzeigt, dass immer weniger Herkunft Zukunft sein wird. Diese apokalyptisch formulierte Schau in die Zukunft vermag hingegen Strömungen und Bestrebungen begünstigen, die in der Rückkehr zu früheren Formen des Umgangs mit der Natur sehnsüchtig von einer prähistorischen, paradiesischen Zeit träumen, in der die eine Natur noch unversehrt war. Vor diesem Hintergrund erklärt sich auch eine Aussage des Künstlers, derzufolge die Klärung der Frage nach dem «Woher» die Perspektive des «Wohin» offenbaren könne.³⁰ Wenn Balzer hingegen den unschuldigen Naturzustand in der Mythologie der sumerischen Kulturlandschaft zu finden glaubt, dort aber mit den Anfängen einer unaufhörlich fortschreitenden Umweltkrise konfrontiert wird, so erhält die Frage nach den Ursachen, nach einem möglichen «Warum», eine zusätzliche Gewichtung, die durchaus die Frage nach dem Sinn des Lebens berührt.

[1] Balzer in einem Gespräch in seinem Atelier in Haldenstein am 7. Juli 1998.

[2] Die abendländische Geistesgeschichte dokumentiert eine immer wiederkehrende Sehnsucht nach einem Zustand des Ursprünglichen und Unverbrauchten, der mit dem paradiesischen Urzustand in Verbindung gebracht wird. So z. B. anzutreffen in der europäische Romantik oder im sog. Primitivismus in Kubismus und Expressionismus, die auch die Volkskunst und Kinderzeichnungen als Ausdruck unverbrauchter Kreativität betrachteten.

[3] Zahlreiche Skizzen von archaischen und aussereuropäischen Plastiken belegen Balzers Beschäftigung mit Darstellungsspezifika und Formverständnis dieser Denkmäler, die in ihrer zweckbedingten und magisch-religiösen Funktion dem Ahnen- und Totenkult dienen.

[4] Vgl. dazu C. G. Jung, Aion. Untersuchungen zur Symbolgeschichte, Psychologische Abhandlungen, Bd. 8, Zürich 1951, S. 22ff.

[5] Balzer in: Arbeitsheft «Ausstellung und Druckarbeit mit der Radierpresse von Gottardo Segantini. Sommer und Herbst 1990», 1990 (ohne Paginierung).

[6] Eine ausführliche Erörterung der jungschen Theorie des Unbewussten findet sich in folgenden Schriften: C. G. Jung, Über die Archetypen des kollektiven Unbewussten (1933), Gesammelte Werke, Bd. 9/1, Olten/Freiburg B. 1976; ders., Psychologische Typen, wie Anm. 34. Vgl. auch Aniela Jaffé (Hrsg.), Erinnerungen, Träume, Gedanken von C.G. Jung, s.v. Archetypus, Solothurn/Düsseldorf ⁹1995, S. 410.

[7] Balzer in einem Gespräch in seinem Atelier in Haldenstein am 8. Juli 1998.

[8] Vgl. z. B. Arbeitshefte «Natur und Kosmos, Ökologie, Kultur», 1986/1987; «Kunst und Natur», 1986/1987; «Naturrevolution», 1989/1990 (alle ohne Paginierung).

[9] Balzer in: Claus-D. Hagenow, «... damit die Menschheit überleben kann!», Interview mit Mathias Balzer in: Bündner Zeitung, Chur, 13. Juni 1987.

[10] Ebd.

[11] «Indem der Mythos die isolierte Erfahrung des Menschen in einen grösseren Sinnzusammenhang einbettet, stiftet er Heimat. [...] Gegen die Isoliertheit in der Welt setzt der Mythos die Beziehung zur Natur, zu den Göttern und zu den Menschen. Angesichts der Verlassenheit des Menschen in der kosmischen Weite erzählt er von der Vertrautheit und von einem Sinngefüge der Welt.» Zit. nach Andreas Schweizer-Vüllers, Gilgamesch. Von der Bewusstwerdung des Mannes. Eine religionspsychologische Deutung, Diss. phil. der Universität Zürich, Zürich 1991, S. 212. Vgl. dazu auch Fritz Stolz, Der mythische Umgang mit der Rationalität und der rationale Umgang mit dem Mythos, in: Hans Heinrich Schmied (Hrsg.), Mythos und Rationalität, Veröffentlichungen der wissenschaftlichen Gesellschaft für Theologie, Bd. 5, Gütersloh 1988, S. 81–106.

[12] Balzer, in: Arbeitsheft «Ausstellung und Druckarbeit», wie Anm. 5.

[13] C.G. Jung beschreibt das Unbewusste u. a. auch als «mythisches Totenland». Zit. nach Balzer in einem Brief an Christian Gerber, Haldenstein, 26. Oktober 1990.

[14] Balzer in einem Gespräch in seinem Atelier in Haldenstein am 7. Juli 1998.

[15] Die beiden alttestamentlichen Figuren Hiob und Jonas tauchen bei Balzer schon früher auf; so z. B. die prominente Prophetenfigur Jonas in den nach frühchristlichen Malereien angefertigten Monotypien und in einer späteren Auftragsarbeit (Jonas, Farblithografie, 1991). Der fromme und weise Hiob hingegen findet sich u. a. in einer Darstellung für das Orgelpositiv von Pignia. Siehe Kapitel «Einkehr der Ruhe», Anm.1.

[16] Wolfram von Soden (Hrsg.), Das Gilgamesch-Epos, Stuttgart 1988. Die Erzählung von Gilgamesch entspringt der sumerischen Kultur, die als die erste Hochkultur der Menschheit um 3000 v. Chr. mit der Keilschrift die älteste uns bekannte Schrift entwickelt. Die Stoffgeschichte des Epos reicht zurück bis um 2700 v. Chr., als der wohl historische Gottkönig Gilgamesch über Uruk herrscht. (Andere Meinungen sehen in ihm eine Gottheit der Unterwelt.) Im Laufe einer annähernd 1700-jährigen Überlieferungs- und Redaktionsgeschichte bilden sich um diese Figur verschiedene Legenden und Dichtungen, die in semitisch-akkadischer Zeit (um 1200 v. Chr.) von einem babylonischen Dichter zum ersten Grossepos der Weltliteratur zusammengestellt und verarbeitet werden. Diese erste schriftliche Fixierung ist in einer neuassyrischen Bearbeitung auf uns gekommen, die bei Ausgrabungen im Bereich der Bibliothek des assyrischen Königs Assurbanipal (668–626) in Ninive gefunden wurde. Zur Herkunft und Umfeld des Gilgamesch-Zyklus vgl. Andreas Schweizer-Vüllers, Gilgamesch, siehe Anm. 11, S. 9ff.

[17] Gilgamesch zieht zusammen mit seinem Gefährten Enkidu nach dem Zedernwald im heutigen Libanon, um dort Holz für eine Tempeltür als Weihgabe für den Gott Enlil zu fällen. Dabei erschlagen sie Chumbaba, den Wächter des Waldes. Nach ihrer Rückkehr begehrt Inanna/Ischtar Gilgamesch zum Gemahl, der die Göttin abweist. Aus Rache lässt sie Gilgamesch und Enkidu gegen den Himmelsstier kämpfen, der im Kampf den Tod findet, worauf Enkidu nach langer Krankheit sterben muss.

[18] Die eindringliche Darlegung von Gilgameschs existentiellen Erfahrungen wie Macht, Liebe, Tod, Verlust und Lebensangst bestimmen auch heute noch die Grundstrukturen von instinktiven menschlichen Reaktionen. Manche Interpreten vertreten denn auch die Auffassung, das Epos als einen Weg der geistigen Bewusstwerdung zu lesen. Vgl. dazu die Interpretation des Tiefenpsychologen Schweizer-Vüllers, Gilgamesch, siehe Anm. 11 oder des Soziologen Günter Dux, Liebe und Tod im Gilgamesch. Geschichte als Weg zum Selbstbewußtsein des Menschen, Wien 1992.

[19] Zu den einzelnen Göttern vgl. Hartmut Schmökel, Das Land Sumer. Die Wiederentdeckung der ersten Hochkultur der Menschheit, Stuttgart ³1955, S. 122–158.

[20] In einem am 8. Juli 1998 in Haldenstein geführten Gespräch u. a. über Religion und den kulturellen Prozess der Ausbeutung der Natur erwähnt Mathias Balzer den besagten Text von Kreis, in dem der Autor Glaubenskrisen als Reflex auf ökologische Krisen interpretiert. Vgl. dazu Rudolf Kreis, Dichtung und Umwelt. Von Gilgamesch bis zu den «Physikern». Das Sprachkunstwerk zwischen Erde, Leib und Geist, Frankfurt a.M. 1989, siehe Kapitel II: Gilgamesch und Abraham – Die Heldenreise ins Nichts und der Heilige Weg, S. 63–108.

[21] Zu Organisationskompetenz und Reflexionsbewusstsein vgl. Dux, siehe Anm. 18 S. 27ff.

[22] Vgl. Gilgamesch, 1. Tafel 29ff.

[23] Robert P. Harrison, Wälder. Ursprung und Spiegel der Kultur, München/Wien 1992, S. 30.

[24] Vgl. Gilgamesch, 2. Tafel bis 5. Tafel.

[25] Kreis, siehe Anm. 20, S. 93. Vgl. auch Gilgamesch 12. Tafel, 28.

[26] Vgl. dazu Gernot Böhme, Natürlich Natur. Über Natur im Zeitalter ihrer technischen Reproduzierbarkeit, Frankfurt a.M. 1992, S. 11ff.

[27] Lothar Schäfer, Die menschliche Geschichte mit der Natur am Scheideweg, in: Hans-Ludwig Ollig (Hrsg.), Philosophie als Zeitdiagnose. Ansätze der deutschen Gegenwartsphilosophie, Darmstadt 1991, S. 110–120, S. 111.

[28] Balzer in einem Gespräch in seinem Atelier in Haldenstein am 8. Juli 1998.

[29] Schäfer, siehe Anm. 27.

[30] Balzer in einem Gespräch in seinem Atelier in Haldenstein am 28. Juli 1998.

Abb. 72 Ohne Titel (Auf der Suche nach der einfachen Wahrheit), 17.3.1990

Abb. 73 Ohne Titel (Auf der Suche nach der einfachen Wahrheit), 19.4.1990

Abb. 74 Ohne Titel (Auf der Suche nach der einfachen Wahrheit), 21.4.1990

Abb. 75 Ohne Titel (Auf der Suche nach der einfachen Wahrheit), 7.5.1990

Abb. 76 Ohne Titel (Auf der Suche nach der einfachen Wahrheit), 8.5.1990

Abb. 77 Ohne Titel (Auf der Suche nach der einfachen Wahrheit), 13.5.1990

Abb. 78 Ohne Titel (Auf der Suche nach der einfachen Wahrheit), 19.4.1990

Abb. 79 (Auf der Suche nach der einfachen Wahrheit), 19.4.1990

Abb. 80 Studien sumerischer Kopfdarstellungen (Skizze aus einem Skizzenbuch des Künstlers), 14.6.1991

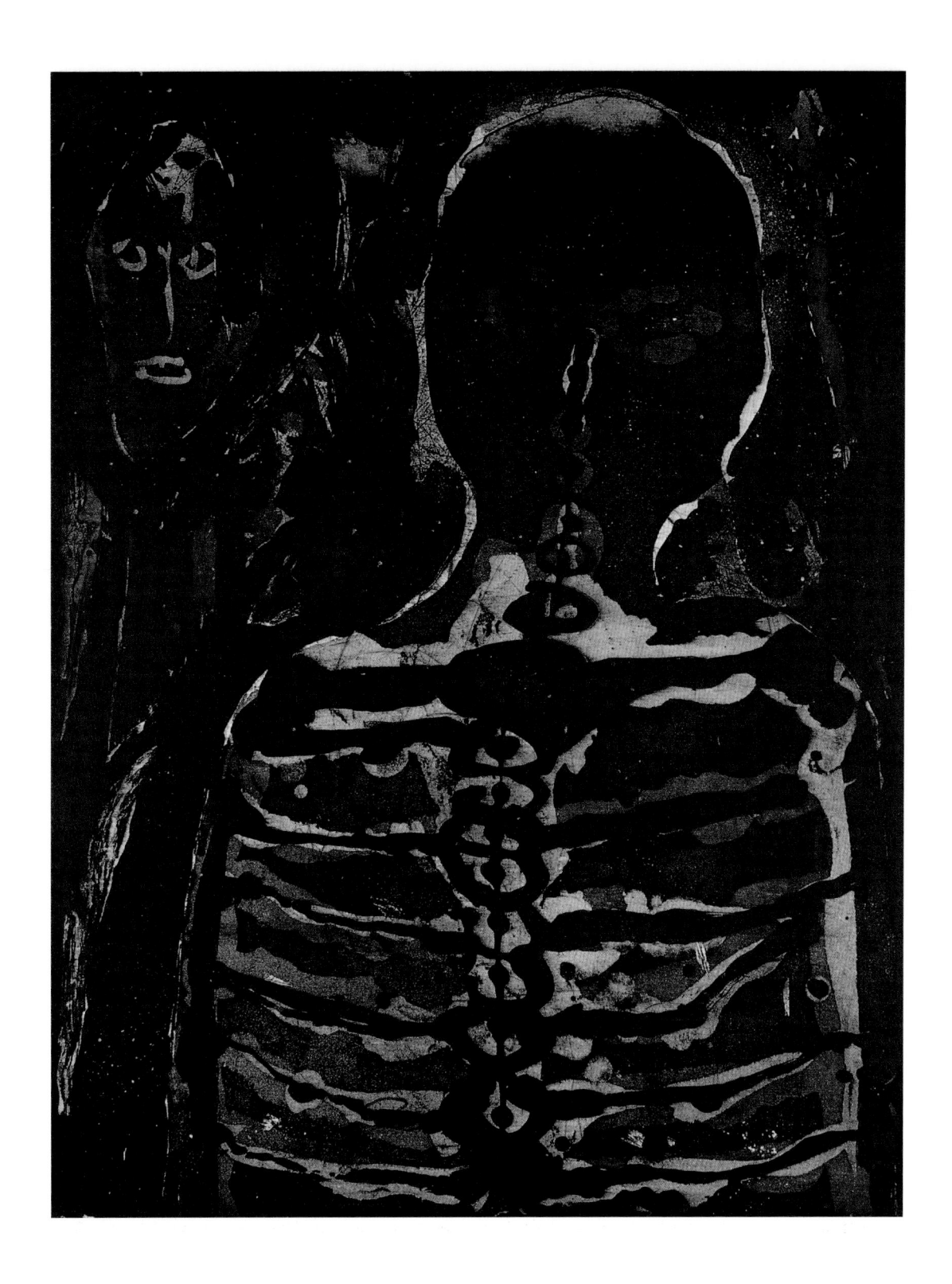

Abb. 81 Udug (Savogniner-Blätter – Portraits I–V), 1990

Abb. 82 Jonas (Savogniner-Blätter – Portraits I–V), 1990

Abb. 83 Hierodulen (Savogniner-Blätter – Portraits I–V), 1990

Abb. 84 Hiob (Savogniner-Blätter – Portraits I–V), 1990

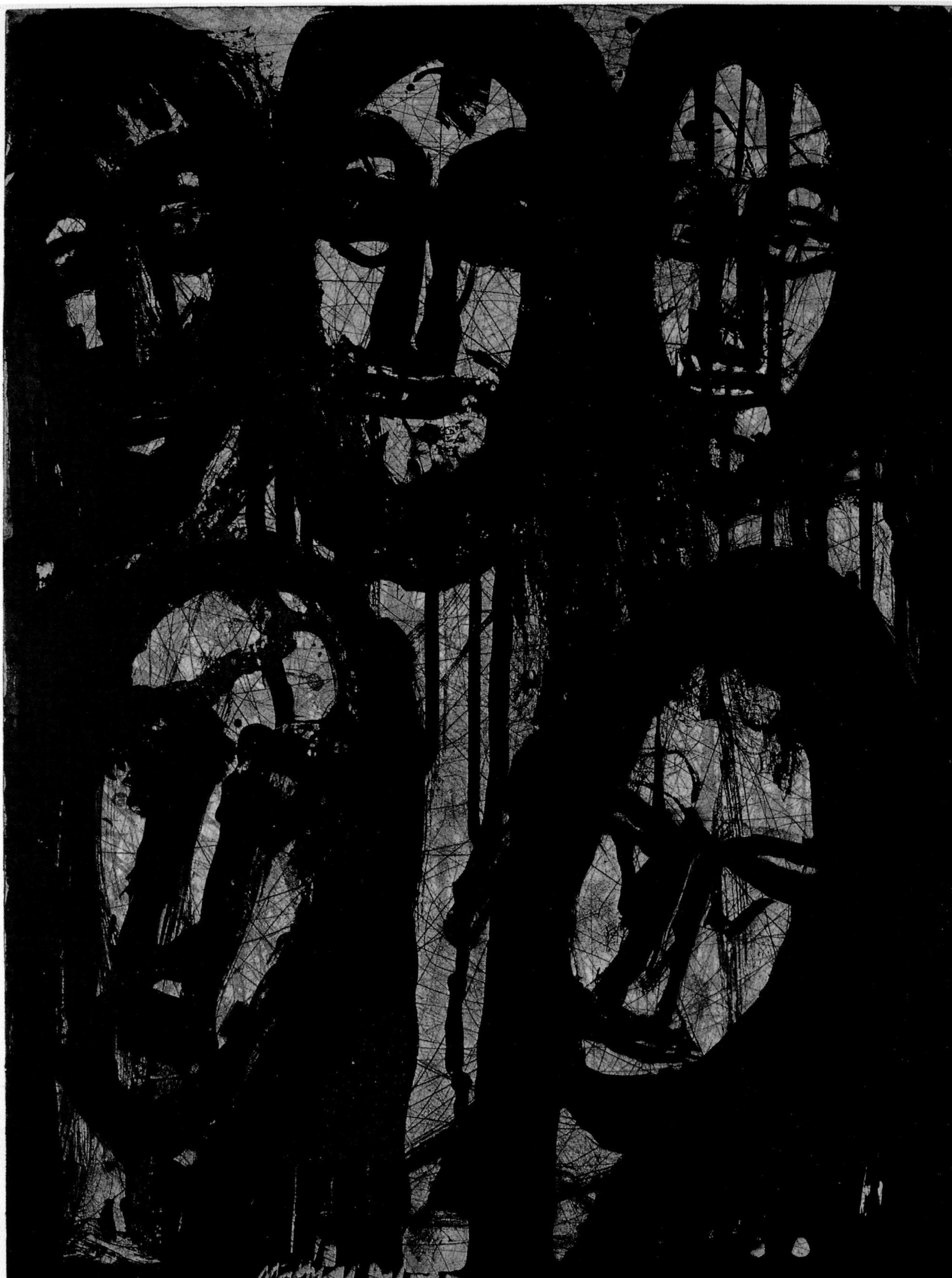

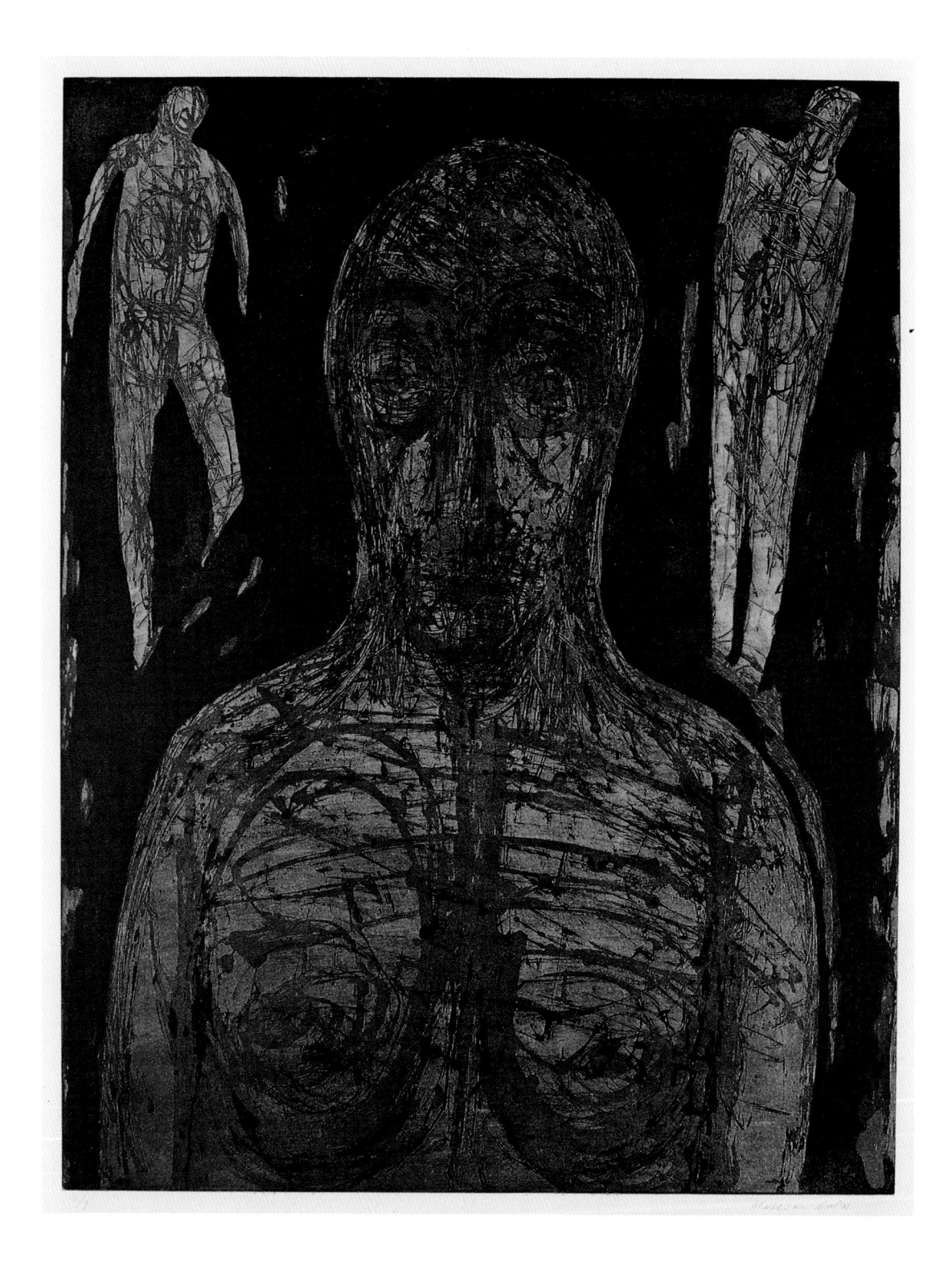

Abb. 85 Inanna (Savogniner-Blätter – Portraits I–V), 1990

Abb. 86 Inanna, 1990

Abb. 87 Inanna (Detail)

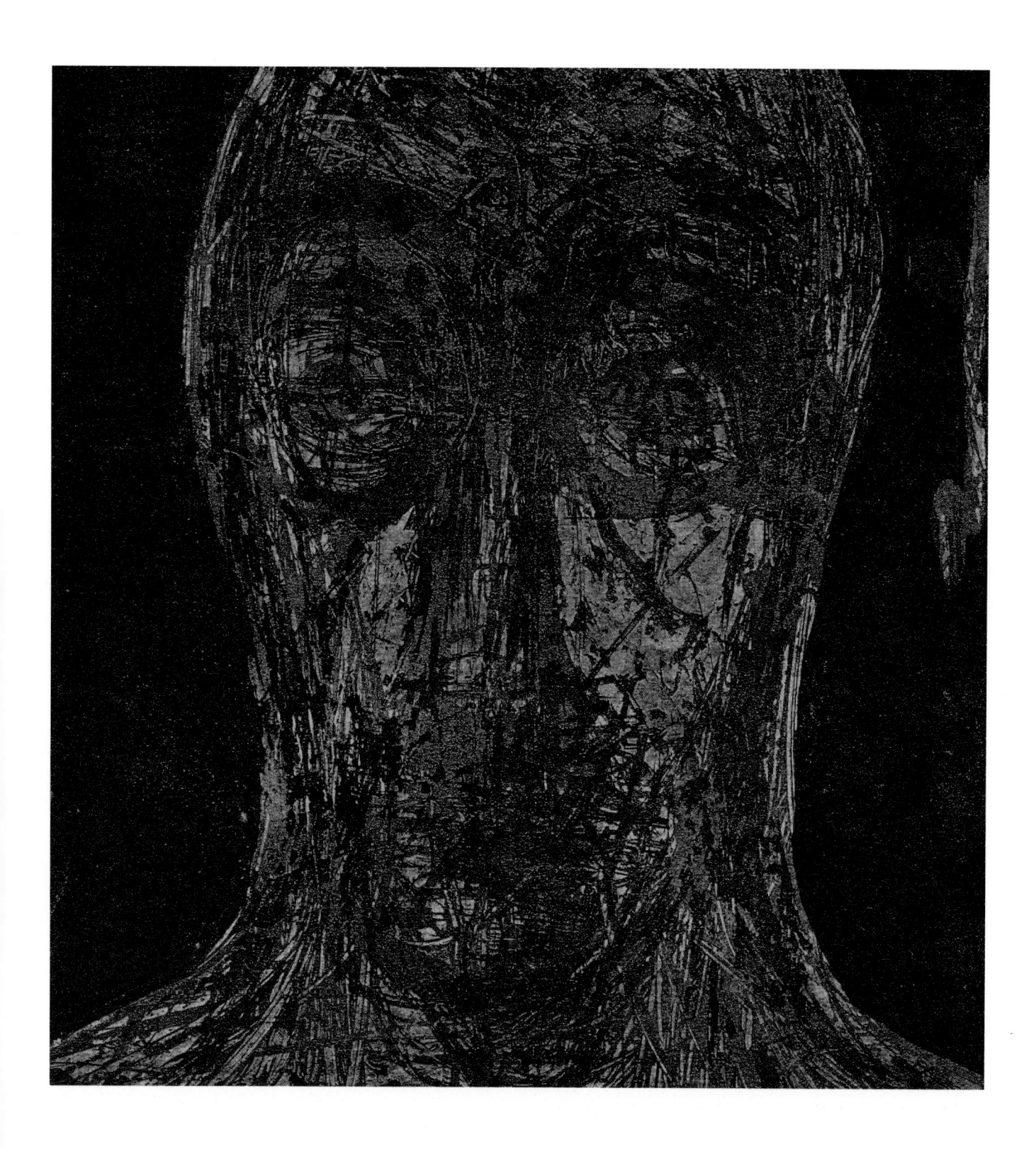

Späte Arbeiten

Mit der Diskussion der beiden Werkfolgen «Auf der Suche nach der einfachen Wahrheit» und «Savogniner-Blätter» findet die Darlegung der Werke von Mathias Balzer ihren Abschluss. Was sich Ende der siebziger Jahre aus der äusseren Naturbeobachtung heraus entwickelt – der Einzug der menschlichen Figur – und während einer Dekade zur werkbestimmenden Grösse wird, weicht in den neunziger Jahren allmählich einem wieder erwachten Interesse für die Natur. Das Bild des Menschen beschäftigt den Künstler noch in mehreren Folgen von Lithografien und Gouache-Arbeiten, bevor sich dieses endgültig aus dem Werk verabschiedet. In diesen Arbeiten scheint Balzer seine Auseinandersetzung mit dem menschlichen Dasein noch einmal zusammenfassend darzustellen.

Paris – faszinierendes und pulsierendes Nebeneinander von Menschen unterschiedlicher Nationen, aber auch Anonymität der Masse in der Grossstadt, die befreiend und beklemmend zugleich sein kann. Für den mit der Bergheimat eng verbundenen Bündner Künstler bedeutet der Aufenthalt in der Cité Internationale des Arts in der französischen Hauptstadt immer wieder eine persönliche Herausforderung. Einsamkeit und künstlerische Haltlosigkeit beschreiben denn auch die existenzielle Situation zu Beginn eines ersten halbjährigen Aufenthaltes im Jahre 1991. Gegen das Gefühl der Orientierungs- und Haltlosigkeit bietet das regelmässige Aktzeichnen in der Académie de la Grande Chaumière und das intensive, beharrliche Schaffen im Atélier de Lithografie in der Cité Halt und Orientierung.

In einer Retrospektive des frz. Malers Georges Seurat (1859–1891) im Grand-Palais begegnet er dessen Zeichnungen in der traditionellen Technik des «Clair-Obscur» mit Fettkreide auf grobstrukturiertem Ingres-Papier. Diese geben ihm Anstoss und Anregung für die eigene lithographische Arbeit und für die Suche nach einer neuen Form des Ausdrucks in der Schwarz-Weiss-Lithografie.[1] Doch gerade die Beschäftigung mit dem Steindruck wird zu einer technischen Herausforderung, die anfänglich noch mit Misserfolgen und Enttäuschungen verbunden ist. Doch Balzer stellt sich den sich selbst auferlegten technischen Schwierigkeiten, lediglich mit schwarzer Kreide und lebendig gesetztem Weiss Lichteffekte zu erzielen, um die relative Farbqualität und Wirkung von Schwarz – «Schwarz ist nicht einfach Schwarz»[2] – auszuloten.

In dieser Zeit entsteht eine thematisch und formal kohärente Bildfolge von 49 Kreidelithografien. Obschon sich Balzer thematisch an der menschlichen Figur orientiert, ist es dieses Mal nicht die durch Tradition und Mythos reich befrachtete menschliche Figur, wie Beat Stutzer anlässlich der Ausstellungseröffnung in seiner Rede feststellt.[3] Vielmehr fällt unser Blick auf «**das Einzelschicksal des vereinsamten Menschen am Rande der Gesellschaft (...) und das teilnahmslose Vorbeigehen der Menge an diesem Schicksal**»[4], das bei Balzer Betroffenheit auslöst. Die Blätter vergegenwärtigen die für die Grossstadt charakteristische Anonymität vorübereilender Menschenmassen in den Strassen und im unterweltlichen Labyrinth der Metrostationen und -gänge. Wer kennt sie nicht, die befremdende körperliche Nähe inmitten von unbekannten Menschen, das klaustrophobische Gefühl der Bedrängnis in menschenüberfüllten Gängen, wo der Sog des Bewegungsflusses der Masse einen fortträgt, oder das Gefühl der Verlorenheit in verlassenen Gängen, deren Flucht sich dem Blick des Gehenden entzieht? Balzers Bildsprache erzählt von dieser Erfahrungswelt und beschwört in eindringlicher Weise das Bildvokabular der vorangegangenen Arbeiten noch einmal herauf, gleichsam deren Essenz zu einem finalen Abschluss bringend. So zum Beispiel in einer während des zweiten Aufenthaltes (1992/1993) entstandenen Bildfolge von zehn Lithografien, welche in unterirdischen Räumen wartende, in sich versunkene und von der Aussenwelt scheinbar abgeschnittene Menschen zeigt. In die zentralperspektivische Raumkonstruktion gebannt, sitzen und stehen sie, Schatten ihrer selbst, in den Fluchtlinien, die allesamt auf ein unbekanntes Ziel im verborgenen Dunkel drängen und auf etwas hinter der Grenze der Wahrnehmung Liegendes hinstürzen (Abb. 88 und 89). Auch wenn sich die Menschen im Raum drängen, sind sie voneinander getrennt. Und obschon man meint, in der Haltung der Körper und den geneigten Köpfen eine Andeutung von Kommunikation wahrzunehmen, bleibt der vermeintliche Blick abwesend in die Leere gerichtet. Und trotz des unaufhörlichen Raunens, das man in dieser Unterwelt zu hören glaubt, ist es vielmehr der «totenstille Lärm»[5], der das Geschehen zu verschlucken droht.

In Balzers Arbeiten bedeutet der abgeschiedene Ort des unterweltlichen Labyrinths zugleich Ortslosigkeit zwischen Begegnung und Verlassenheit, Kommen und Gehen, Ankunft und Abschied. Die materielle Festigkeit der Architektur, die den Menschen beschützend umfängt und gleichzeitig gefangen hält, verflüchtigt sich, löst sich auf. In ähnlicher Weise zielt die formale Erscheinungsqualität der Figur auf Immaterialität, die losgelöst von Zeit und Raum, im Werden das flüchtig Gewordene festzuhalten versucht, nur um es wieder dem Vergehen zu überantworten – Negation von Beständigkeit.

In gleicher Weise ist es das Interesse an der räumlichen Situation, die in den Lithografien offenkundig zu Tage tritt und mit Hilfe eines elementaren Formenvokabulars die menschliche existentielle Konstellation von Desorientierung und Verlorenheit beschrieben wird. Sei es, dass sich der Blick des Betrachters in der Flucht der Perspektive verirrt, hingezogen zum unsichtbaren Dunkel am Ende des Bildraumes, oder aber die menschliche Figur sich in einer irreführenden räumlichen Situation wiederfindet, gefangen ist in einem schwebenden Oben und Unten, Vorne und Hinten – kommt die schwarze Gestalt aus der Tiefe des Tunnels auf uns zu oder beschreibt dessen Ende vielmehr deren Ziel?

Betrachtet man die während mehreren Aufenthalten in der Cité Internationale des Arts in Paris entstandenen Lithografien von 1991–1998, so wird dem Betrachter noch einmal Balzers Auseinandersetzung mit der menschlichen Figur vor Augen geführt. In ihnen greift der Künstler die für sein künstlerisches Anliegen relevanten Themen auf, um sie in einer kohärenten Bildfolge zu verdichten. So erinnert uns die Darstellung des unterweltlichen Raumes der Métro an das Labyrinth des dantesken Menschen- und Weltbildes, während die einsame Versunkenheit der einzelnen Figuren im anonymen Gedränge noch einmal die Bezugslosigkeit der Dante-Figuren heraufbeschwört. Gleichzeitig führt uns Balzer erneut die Vorstellung des menschlichen Lebensweges als einen Durchgang vor Augen, dessen Ende zugleich auch den Anfang bezeichnet. Woher und Wohin, Anfang und Ende, Werden und Vergehen, Leben und Tod werden zu sich abwechselnden thematischen Konstanten, die Balzers Grundanschauung von der Welt und deren Übersetzung in sein bildnerisches Vokabular nachhaltig bestimmen.

In Anlehnung an das in Paris intensiv betriebene Zeichenstudium des menschlichen Aktes und die Erfahrungen mit der Technik der Schwarz-weiss-Lithografie entstehen zurück in Haldenstein zwei Bildfolgen, die erneut das Thema der menschlichen Figur aufgreifen (Abb. 93). Der weiche Duktus der mit weisser Deckfarbe vermischten Lithokreide erlaubt eine lasierende und dennoch differenzierte Wiedergabe des Flüchtigen, das mit dem plastischen Spiel eingekratzter Spuren und hastig aufgetragener Lineamente des harten Bleistifts konstrastriert. In ähnlicher Weise erzielen die mit weisser Deckfarbe aufgetragenen Höhungen Lichteffekte, die im Wechselspiel von dunkler Körperschwere der Figuren und lasierender Transparenz des Bild- und Farbgrundes den Reichtum des Farbenspektrums von Schwarz über Grau hin zu Weiss vor Augen führen.

Die in den 80er Jahren vordringlich geführte Diskussion um das lokale und globale Waldsterben und der im Jahre 1989 im Zuge der subventionierten Walderschliessung beschlossenen Abholzung für den Ausbau eines auf die Schmittner Alp führenden Waldweges zur befahrbaren Strasse, lassen den Themenkreis der Natur erneut ins Zentrum von Balzers künstlerischer Auseinandersetzung treten. Nunmehr ist es seine Empörung über die Zerstörung eines unberührten Waldstückes, die ihn den geschlagenen und nun tot am Boden liegenden Bäumen in einer Zeichnung von eigenwilliger Kraft ein Denkmal setzen lässt. Insofern für den Menschen und Künstler Balzer die alljährliche Wiederkehr auf die Alp und das Arbeiten in und mit der Natur sowohl ein Ort des räumlichen Rückzuges und der geistigen Besinnung als auch Inspirationsquelle bedeuten, zieht es ihn in möglichst unberührte Waldpartien. Ab 1992 entstehen Folgen von Wald- und Nebellandschaften. Die in diesen Arbeiten zur Anwendung kommende Aussprengtechnik auf Japan- und Chinapapier erlaubt ihm, das Unergründliche und Geheimnisvolle des dunklen Dickichts ins Bild zu überführen.[6] Sowohl das gewählte saugfähige Papier als auch die Technik, mit Hilfe derer aus dem Schwarz wieder hellere Stellen «herausgesprengt» werden können oder bei Übermalung der Kohlezeichnung mit schwarzer Chinatusche die Kohle noch schwärzer aus dem Dunkel der Tusche hervortritt, erlauben das Spiel mit subtilen differenzierten Nuancen und Verfremdungen. So ist es wieder der Reichtum schwarzer Farbnuancen, die im Wechselspiel mit weiss-grauen Lichterzonen eine eindrückliche Tiefenwirkung suggerieren, wie die beiden Arbeiten «Nachtwald» und «Winterwald» exemplarisch vorführen (Abb. 94 und 95). Der Blick scheint sich im sich bei zunehmender Distanz verdichtenden geheimnisvollen Dickicht des Waldesinnern zu verlieren. Dem aufmerksamen Betrachter führt die lebendige Vielfalt feinster plastischer Differenzierungen bei wechselndem Betrachterstandort das oszillierende Spiel des Lichts vor Augen, wodurch auch kleinste formale Details sinnlich und beinahe haptisch wahrnehmbar werden. Demgegenüber beschwören die vertikal in die Höhe strebenden schmalen Baumstämme ein Bild der Ruhe, welches die Suggestionskraft der geheimnisvollen Dunkelheit des Waldesinnern verstärkt.

Insofern bei Balzer die Darstellung der Natur nie als gefällige Kulisse verstanden werden möchte, sondern über das Sichtbare hinaus die sinnliche und introspektive Wahrnehmung des Künstlers in Bilder überträgt, offenbart sie sich vielmehr als Ort der kontemplativen Betrachtung und Reflexion. Schon seit jeher bezeugen die abendländischen geistes- und kulturgeschichtlichen Zeugnisse die ambivalente Besetzung des Waldes in Mythologie, Religion und Literatur. Als Ort unbekannter, allgegenwärtig lauernder Gefahren, wo man sich leicht verirrt und gänzlich die Orientierung verlieren kann, ist er gleichzeitig Zufluchtsort von sozial Geächteten und Gesetzlosen, bietet aber auch denjenigen Asyl und Schutz, die sich für die gerechte Sache einsetzen. Und auch wenn das Labyrinth im Dickicht undurchdringlich erscheint, vollziehen sich dort im Verborgenen wunderbare Verwandlungen und werden im elitären Kreis von Auserwählten und Eingeweihten geheimnisvolle und heilige Riten vollzogen. Folglich spannt die Bedeutungsdimension des Waldes einen breiten Bogen über unterschiedlichen, komplementären Kategorien, welcher das geheimnisvolle Dunkel nicht zuletzt auch als ein Bild für das Unbewusste miteinschliesst.

Die symbolische Bestimmung des Waldes als Bedeutungsträger mannigfaltiger Vorstellungen, Ort übersinnlicher Transformationen und die politische Virulenz der voranschreitenden Usurpation des Waldes durch die menschliche Zivilisation, lassen diesen zu Beginn der 90er Jahre für Balzer erneut zu einem existentiellen Thema werden. Die Insistenz des Künstlers nach dem Verborgenen, dem Unbewussten und dem Geheimnisvollen, in welchem sich das Essentielle, Einfache und Ursprüngliche verbirgt, wird uns auch hier in der künstlerischen Auseinandersetzung in und mit der Natur vor Augen geführt. Im Bewusstsein, in der malerischen Qualität der Aussprengtechnik auf Japan- und Chinapapier ein adäquates Ausdrucksmittel für die künstlerische Aussage gefunden und weiterentwickelt zu haben und aus Balzers «Bedürfnis nach mehr Helligkeit», entstehen zwischen 1992 und 1997 eine Reihe von Nebellandschaften und in den Jahren 1997 und 1998 eine Folge von Wolkenbilder (Abb. 96–98). Die Weichheit und Differenziertheit von Material und Technik erlauben ihm, die flüchtige materielle Transparenz von Nebel und Wolken auf das Papier zu übertragen, wo diese selbst noch unter den Augen des Betrachters vorbeizuziehen scheinen. Balzer gelingt es, die Leichtigkeit des Stofflichen einzufangen und zusammen mit der Farbstimmung der schauerlich-düsteren Witterungsverhältnisse der spätherbstlichen Himmellandschaft in atmosphärische Stimmungen von beinahe magischer Intensität zu übertragen.

In Balzers Konvolut von Berglandschaften finden sich neben den bildlichen Transformationen der Wald- und Himmellandschaften auch Umsetzungen von Steinlandschaften abgelegener Geröllfelder (Abb. 99). Neben der Farben- und Strukturenvielfalt der grauen Gesteinsformationen ist es die körperliche Realität des Berges und des Steines, die ihn fasziniert. Im Gegensatz zu der atmosphärisch-malerischen Umsetzung der Wald- und Wolkenansichten überträgt Balzer die energetische Kraft der Trümmerfelder in die formalisierende Bildsprache der Radierung. Auf 2500 Metern Höhe zeichnet er auf dem Schmittner Bleiberg im Felstrümmerfeld die unterschiedlich geformten und grossen Gesteinsfragmente direkt mit der Radiernadel auf die Kupfer- oder Zinkplatten, wobei die plastische Schwere in die lebendige Vielfalt spontan gesetzter Linien überführt wird.

Wenngleich die Kunst Balzers existentielle subjektive Gefühle wie Angst, Unsicherheit und Betroffenheit zum Ausdruck bringt und einen Rückzug auf das persönliche Erleben und Empfinden verrät, berührt sie gleichzeitig Themen der allgemein menschlichen Erfahrungswelt. Die von Balzer aufgeworfenen Fragen verweisen hinsichtlich ihrer Universalität auf die Vorstellung von Grenzsituationen, die in der Formulierung des Existenzphilosophen Karl Jaspers (1883–1969) «jeden als allgemeine innerhalb seiner jeweils spezifischen Geschichtlichkeit»[7] trifft: Tod, Leiden, Kampf, Schuld. Zumal nach Jaspers das wahre Sein nur in der Grenzsituation (oder dann überhaupt nicht) erfahren werden kann, bedeutet das Erfahren von solchen Grenzsituationen Existieren im «Werden der in uns möglichen Existenz».[8] Wird eine solche Grenzsituation nicht ignoriert oder verdrängt, so vertieft das in der Grenzsituation zum Bewusstsein gebrachte Dasein das Bewusstsein für das Sein. Ist es nicht nachgerade Balzers Bewusstwerdung unbekannter, vergessener und ehemals gewesener Inhalte der persönlichen und kollektiven Lebens- und Wertvorstellungen, mit Hilfe derer er versucht, die menschliche Existenz in ihrer Gesamtschau zu begreifen? In diesem Sinne lässt sich das Motiv der Suche nach der einfachen Wahrheit als eine Suche nach Bewusstsein verstehen, auf deren Weg und durch welche wir das werden können, was wir eigentlich sind. Folglich wird die Suche nach der einfachen Wahrheit gleichwohl zu einer Suche nach Identität, sowohl der persönlichen als auch der kollektiv-kulturellen. In dieser angestrebten Übereinstimmung von Geist und Sein zeigt sich möglicherweise denn auch der Sinn vom Leben. Mag sein, dass sich dieser Sinn als lebensstiftende apriorische Grösse hinter der Grenze der bewussten Wahrnehmung verbirgt, die ihrerseits einen Teil der Wirklichkeit bestimmt. Mag sein, dass sich das transzendente und numinose Wesen der einfachen, ganzheitlichen Wahrheit in der Anerkennung des jeweils gegenüberliegenden Anderen offenbart, wodurch im Widerstreit rationaler und irrationaler Kräfte Ganzheit etabliert werden kann:

«Doch um vom Heile, das ich dort gefunden,
Zu melden, muß ich anderes erst entdecken.»
(Inf. 1, 8–9)

[1] Vgl. dazu: Mathias Balzer. Über den Aufenthalt im Bündner Atelier in der Cité Internationale des Arts in Paris vom 25. März bis 28. Oktober 1991, Informationsblatt zur Ausstellung «Clair-Obscur» im Bündner Kunstmuseum, Chur 1. bis 27. Februar 1992 (ohne Paginierung).

[2] Ebd.

[3] Beat Stutzer, Rede zur Eröffnung der Ausstellung: Mathias Balzer – Clair-Obscur, Bündner Kunstmuseum, Chur, 31. Januar 1992, S. 3.

[4] Balzer, Über den Aufenthalt, siehe Anm. 1.

[5] Wolfram Frank, Die Sitzenden, Die Stehenden, Begleittext zur Lithografiemappe «Métro», Chur 1993.

[6] Vgl. dazu Leza Dosch, Kunst und Landschaft in Graubünden. Bilder und Bauten seit 1780, Zürich 2002, S. 326f.

[7] Karl Jaspers, Philosophie II. Existenzerhellung, München/Zürich 1994, S. 209.

[8] Ebd., S. 204.

Abb. 88 Ohne Titel (Paris – Métro), 1992/1993

Abb. 89 Ohne Titel (Paris – Métro), 1992/1993

Abb. 90 Ohne Titel (Paris – Métro), 1992/1993

Abb. 91 Ohne Titel (Passages souterraines), 1998

Abb. 92 Ohne Titel (Passages souterraines), 1998

Abb. 93 Ohne Titel, 1992

Abb. 94 Nachtwald, 29.9.1994

Abb. 95 Winterwald, 15./17.8.1994

Abb. 96 Nebellandschaft, 17.10.1993

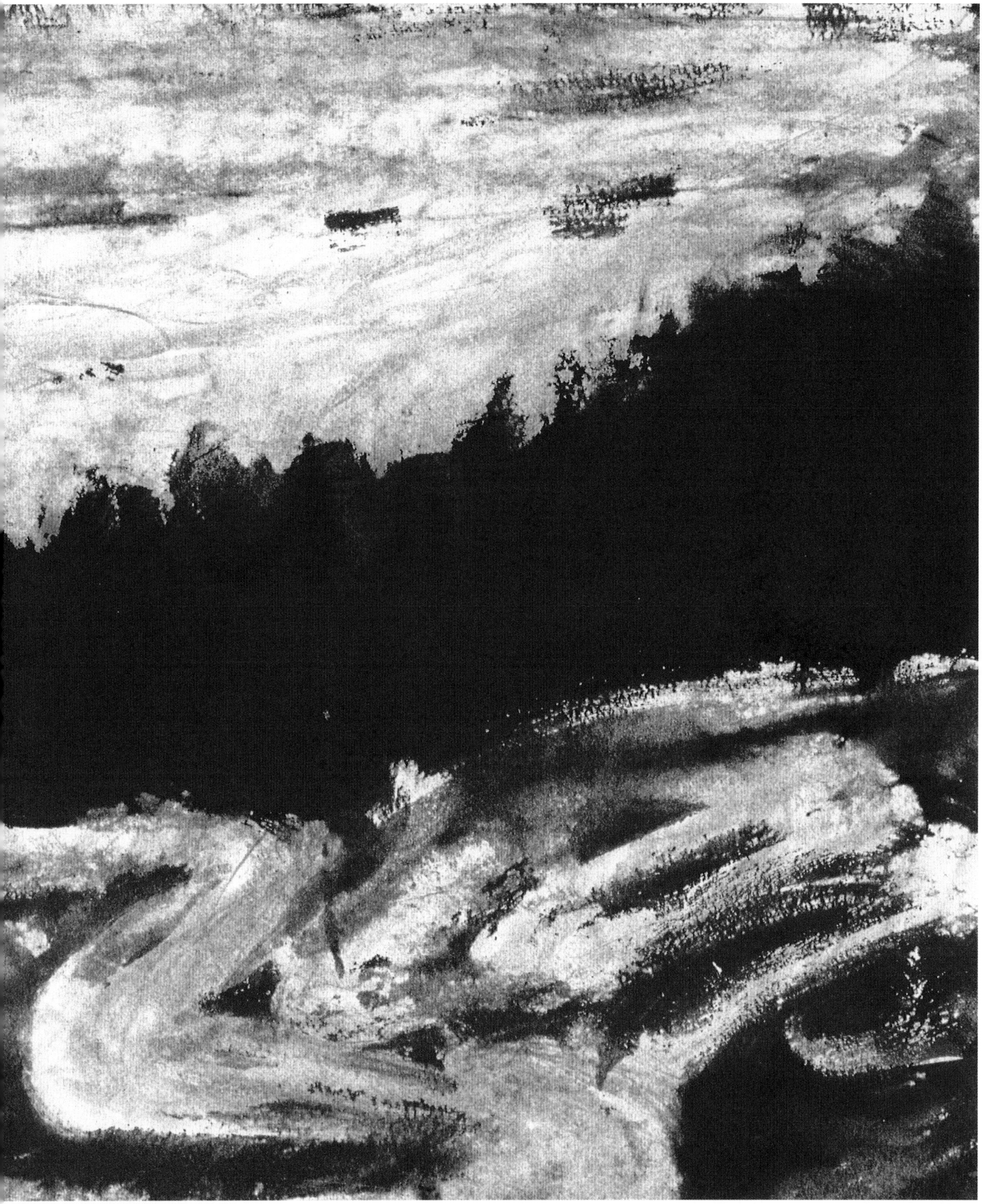

Abb. 97 Wolken, 1997
Abb. 98 Wolken, 1997

Abb. 99 Steinlandschaft III, 3.9.2001

Anhang
Abbildungsverzeichnis

Abb. 1
Ohne Titel
1967
Öl auf Leinwand
97 x 130 cm

Abb. 2
Ohne Titel
1967
Öl auf Leinwand
50 x 73 cm
Privatbesitz

Abb. 3
Berg im Safiental
1968
Bleistift auf Papier
42 x 60 cm
Privatbesitz

Abb. 4
Berg im Safiental
1968/2001
Radierung auf BFK-Rives (Kaltnadel auf Kupferplatte)
Nachdruck Ed. III/III
11 x 16,5 cm / 28,5 x 38 cm

Abb. 5
Baumstrunk
1971
Bleistift auf Papier
31,5 x 48 cm

Abb. 6
Holzwucherung
1972
Bleistift auf Papier
42 x 59,2 cm

Abb. 7
Sack (Organische Objekte)
1974
Bleistift auf Papier
56,5 x 78,5 cm
Bündner Kunstmuseum, Chur

Abb. 8
Textile Faltung (Organische Objekte)
1974
Bleistift auf Papier
79 x 57 cm

Abb. 9
Verbeulter Blecheimer (Anorganische Objekte)
1976
Bleistift auf Papier
78 x 57 cm

Abb. 10
Pagode (Archäologie der Dinge)
1976
Radierung auf Arches (Linienätzung auf Zinkplatte)
1. Zustand, Probedruck Ed. 1/15
32,5 x 32 cm / 50 x 37,5 cm

Abb. 11
Pagode (Archäologie der Dinge)
1976
Radierung auf Arches (Linienätzung, Aquatinta auf Zinkplatte)
2. Zustand, Probedruck
32,5 x 32 cm / 50 x 37,5 cm

Abb. 12
Pagode (Archäologie der Dinge)
1976
Radierung auf Arches (Linienätzung, Aquatinta, Schabtechnik auf Zinkplatte)
Probedruck Ed. 3/3
32,5 x 32 cm / 50 x 37,5 cm

Abb. 13
Mondschiff (Archäologie der Dinge)
1977
Radierung auf Arches (Linienätzung, Aquatinta, Schabtechnik auf Zinkplatte)
Ed. 2/20
32 x 33,5 cm / 65 x 50 cm

Abb. 14
Hirngespinst (Organische Objekte)
1978
Bleistift auf Papier
45 x 56 cm

Abb. 15
Höhlenlabyrinth (Anorganische Objekte)
1978
Bleistift auf Papier
46 x 60 cm

Abb. 16
Orans-Figur (Katakombenstudie)
1980
Monotypie (Druckerschwärze auf Japanpapier)
29,5 x 23 cm

Abb. 17
Rettung aus dem vom Sturm bedrohten Schifflein (Katakombenstudie)
1980
Monotypie (Druckerschwärze auf Japanpapier)
27 x 34,5 cm

Abb. 18
Marsöl V
1980
Lithografie auf BFK-Rives
Ed. 3/10
42 x 32 cm / 65 x 50 cm

Abb. 19
Hexentanz (Dante – La Divina Commedia)
1980/1981
Farbradierung auf BFK-Rives (Linienätzung, Aquatinta auf 4 Zinkplatten)
Künstlerexemplar
38,5 x 49,5 cm / 50 x 69,5 cm

Abb. 20
Ecce Homo (Dante – La Divina Commedia)
1980/1981
Farbradierung auf BFK-Rives (Linienätzung, Aquatinta auf Zink- und Kupferplatte)
Künstlerexemplar
38,5 x 49,5 cm / 50 x 65 cm

Abb. 21
Pechsee (Dante – La Divina Commedia)
1981
Farbradierung auf BFK-Rives (Linienätzung, Aquatinta auf Kupfer- und Zinkplatte)
Künstlerexemplar
35,5 x 40,4 cm / 50 x 65 cm

Abb. 22
Hexentanz (Dante – La Divina Commedia)
1980
Radierung auf BFK-Rives (Linienätzung)
1. Zustand, Probedruck Ed. 6/7
38,5 x 49,5 cm / 50 x 65 cm

Abb. 23
Hexentanz (Dante – La Divina Commedia)
1980/1981
Radierung auf BFK-Rives (Linienätzung, Aquatinta)
3. Zustand (1. Platte), Probedruck
38,5 x 49,5 cm / 50 x 65 cm

Abb. 24
Pechsee (Dante – La Divina Commedia)
1981
Radierung auf BFK-Rives (Linienätzung)
1. Zustand, Künstlerexemplar
35,5 x 40,4 cm / 50 x 65 cm

Abb. 25
Ohne Titel (Bilder aus dem Unbewussten)
1.2.1982
Farbmonotypie (Ölfarbe auf Japanpapier)
55 x 45 cm / 66 x 51 cm
Bündner Kunstmuseum, Chur

Abb. 26
Ohne Titel (Bilder aus dem Unbewussten)
1982
Farbmonotypie (Ölfarbe auf Japanpapier)
55 x 45 cm / 66 x 51 cm
Bündner Kunstmuseum, Chur

Abb. 27
Ohne Titel (Bilder aus dem Unbewussten)
1982
Farbmonotypie (Ölfarbe auf Japanpapier)
45 x 55 cm / 51 x 66 cm

Abb. 28
Ohne Titel (Bilder aus dem Unbewussten)
26.4.1982
Farbmonotypie (Ölfarbe auf Japanpapier)
45 x 55 cm / 51 x 66 cm

Abb. 29
Ohne Titel (Bilder aus dem Unbewussten)
1982
Farbmonotypie (Ölfarbe auf Japanpapier)
45 x 55 cm / 51 x 66 cm

Abb. 30
Ohne Titel (Bilder aus dem Unbewussten)
1982
Farbmonotypie (Ölfarbe auf Japanpapier)
55 x 45 cm / 66 x 51 cm

Abb. 31
Ohne Titel (Bilder aus dem Unbewussten)
29.1.1982
Farbmonotypie (Ölfarbe auf Japanpapier)
55 x 45 cm / 66 x 51 cm
Bündner Kunstmuseum, Chur

Abb. 32
Ohne Titel (Bilder aus dem Unbewussten)
1982
Farbmonotypie (Ölfarbe auf Japanpapier)
55 x 45 cm / 66 x 51 cm

Abb. 33
Ohne Titel (Malvaglia)
8.3.1985
Aussprengtechnik mit Tusche und Öl
auf Papier
21 x 30 cm

Abb. 34
Ohne Titel (Malvaglia)
15.3.1985
Aussprengtechnik mit Tusche und Öl
auf Papier
21 x 30 cm

Abb. 35
Gewölbekeller Schloss Haldenstein
(Skizze)
1986
Kohle auf Papier
(keine Grössenangabe)

Abb. 36
Cubicolo destro, parete d'ingresso
1980
Monotypie (Druckerschwärze auf Japanpapier)
25,2 x 32 cm / 28,5 x 40 cm

Abb. 37
Dialog mit einem Raum (Nordwand)
1986
Kasein, Kohle, Kratz- und Schabtechnik auf Kalkverputz

Abb. 38
Dialog mit einem Raum (Ostwand)
1986
Kasein, Kohle, Kratz- und Schabtechnik auf Kalkverputz

Abb. 39
Dialog mit einem Raum (Südwand)
1986
Kasein, Kohle, Kratz- und Schabtechnik auf Kalkverputz

Abb. 40
Dialog mit einem Raum (Detail Südwand)
1986
Kasein, Kohle, Kratz- und Schabtechnik auf Kalkverputz

Abb. 41
Dialog mit einem Raum (Detail Westwand)
1986
Kasein, Kohle, Kratz- und Schabtechnik auf Kalkverputz

Abb. 42
Dialog mit einem Raum (Detail Südwand)
1986
Kasein, Kohle, Kratz- und Schabtechnik auf Kalkverputz

Abb. 43
Dialog mit einem Raum (Detail Südwand)
1986
Kasein, Kohle, Kratz- und Schabtechnik auf Kalkverputz

Abb. 44
Ohne Titel (Misterium mortis)
13.12.1986
Kaseintempera auf Papier auf Sperrholz
75 x 57 cm
Privatbesitz

Abb. 45
Ohne Titel (Misterium mortis)
24.1.1987
Kaseintempera auf Papier
40 x 28 cm

Abb. 46
Ohne Titel (Misterium mortis)
1987
Kaseintempera auf Papier
32,5 x 23,5 cm
Privatbesitz

Abb. 47
Ohne Titel (Misterium mortis)
1986
Kaseintempera auf Papier auf Sperrholz
75 x 57 cm
Privatbesitz

Abb. 48
Ohne Titel (Misterium mortis)
1986/1987
Kaseintempera auf Papier auf Sperrholz
87 x 57 cm

Abb. 49
Ohne Titel (Misterium mortis)
1986/1987
Kaseintempera auf Holz
78 x 57 cm

Abb. 50
Ohne Titel (Misterium mortis)
7.2.1987
Kaseintempera auf Papier
31 x 24 cm

Abb. 51
Tomba della Capanna, Cerveteri
(Skizze aus einem Skizzenbuch des Künstlers)
1986
Bleistift auf Papier
30 x 21 cm

Abb. 52
Ohne Titel (Misterium mortis)
3.3.1987
Kaseintempera auf Papier
25 x 34,5 cm
Privatbesitz

Abb. 53
Ohne Titel (Misterium mortis)
1987
Kaseintempera auf Papier
25 x 34,5 cm

Abb. 54
Ohne Titel (Misterium mortis)
7.5.1987
Kaseintempera auf Papier
25 x 34,5 cm

Abb. 55
Ohne Titel (Memento homo)
15.9.1987
Kaseintempera auf Holz
33,5 x 77 cm

Abb. 56
Ohne Titel (Memento homo)
14.9.1987
Kaseintempera auf Holz
38 x 100 cm

Abb. 57
Ohne Titel (Memento homo)
6.7.1987
Kaseintempera auf Papier
31,5 x 46 cm

Abb. 58
Ohne Titel (Memento homo)
1987
Kaseintempera auf Papier auf Pavatex
48 x 65 cm
Bündner Kunstmuseum, Chur

Abb. 59
Ohne Titel (Der Berg, wo Tod
und Leben sich berühren)
7.5.1988
Kaseintempera auf Papier auf Holz
50 x 68 cm

Abb. 60
Ohne Titel (Der Berg, wo Tod
und Leben sich berühren)
6.5.1988
Kaseintempera auf Papier auf Sperrholz
47 x 68 cm

Abb. 61
Ohne Titel (Der Berg, wo Tod und
Leben sich berühren)
1989
Kaseintempera auf Papier
28 x 40 cm

Abb. 62
Ohne Titel (Der Berg, wo Tod und
Leben sich berühren)
14.12.1989
Tusche, Aquarell, Galläpfeltinte auf Papier
25,5 x 35 cm

Abb. 63
Ohne Titel (Der Berg, wo Tod und
Leben sich berühren)
14.12.1989
Tusche, Aquarell, Galläpfeltinte auf Papier
32,5 x 46 cm

Abb. 64
Ohne Titel (Skizze aus einem Skizzenbuch
des Künstlers)
23.1.1987
Bleistift und Kaseintempera auf Papier
14,5 x 20 cm

Abb. 65
Ombra della sera
2. Jh. v. Chr.
etruskische Bronzestatuette
[Reproduktion einer Postkarte aus Privatarchiv des Künstlers]

Abb. 66
Ohne Titel (Der Berg, wo Tod und
Leben sich berühren)
27.3.1989
Tusche, Bleistift auf Papier
20,5 x 29,5 cm

Abb. 67
Ohne Titel (Der Berg, wo Tod und
Leben sich berühren)
26.4.1989
Tusche, Bleistift auf Papier
20,5 x 29,5 cm

Abb. 68
Ohne Titel (Der Berg, wo Tod und
Leben sich berühren)
April 1989
Tusche, Bleistift auf Papier
20,5 x 29,5 cm

Abb. 69
Ohne Titel (Der Berg, wo Tod und
Leben sich berühren)
14.2.1990
Kaseintempera auf Papier
66 x 46 cm

Abb. 70
Ohne Titel (Der Berg, wo Tod und
Leben sich berühren)
22.2.1990
Kaseintempera auf Papier
67 x 47 cm

Abb. 71
Ohne Titel (Der Berg, wo Tod und
Leben sich berühren)
22.2.1990
Kaseintempera auf Papier
67 x 46,5 cm

Abb. 72
Ohne Titel (Auf der Suche nach
der einfachen Wahrheit)
17.3.1990
Aquarell, Bleistift, Galläpfeltinte auf Papier
69,5 x 50,5 cm

Abb. 73
Ohne Titel (Auf der Suche nach
der einfachen Wahrheit)
19.4.1990
Aquarell, Bleistift, Galläpfeltinte auf Papier
71 x 53 cm

Abb. 74
Ohne Titel (Auf der Suche nach
der einfachen Wahrheit)
21.4.1990
Aquarell, Tusche, Bleistift, Galläpfeltinte
auf Papier
73 x 51,5 cm

Abb. 75
Ohne Titel (Auf der Suche nach
der einfachen Wahrheit)
7.5.1990
Aquarell, Tusche, Bleistift auf Papier
71 x 53 cm

Abb. 76
Ohne Titel (Auf der Suche nach
der einfachen Wahrheit)
8.5.1990
Aquarell, rote Chinatusche, Bleistift, Tintenstift auf Papier
71,5 x 53 cm

Abb. 77
Ohne Titel (Auf der Suche nach
der einfachen Wahrheit)
13.5.1990
Aquarell, Tusche, Bleistift, Tintenstift, Fettkreide auf Papier
71 x 54 cm
Privatbesitz

Abb. 78
Ohne Titel (Auf der Suche nach
der einfachen Wahrheit)
19.4.1990
Aquarell, Tusche, Bleistift, Galläpfeltinte
auf Papier
75,4 x 57,3 cm

Abb. 79
(Auf der Suche nach der einfachen Wahrheit)
19.4.1990
rote Chinatusche, Bleistift, Galläpfeltinte
auf Papier
75,4 x 57,5 cm

Abb. 80
Studien sumerischer Kopfdarstellungen
(Skizze aus einem Skizzenbuch des Künstlers)
14.6.1991
Bleistift auf Papier
26,5 x 21 cm

Abb. 81
Udug (Savogniner-Blätter – Portraits I–V)
1990
Radierung auf BFK-Rives (Kaltnadel, Sucre,
Aquatinta auf Zinkplatte)
Ed. 3/9
64 x 50 cm / 105 x 75 cm
Bündner Kunstmuseum, Chur

Abb. 82
Jonas (Savogniner-Blätter – Portraits I–V)
1990
Radierung auf BFK-Rives (Kaltnadel, Sucre,
Aquatinta auf Zinkplatte)
Ed. 3/9
64 x 50 cm / 105 x 75 cm
Bündner Kunstmuseum, Chur

Abb. 83
Hierodulen (Savogniner-Blätter –
Portraits I–V)
1990
Radierung auf BFK-Rives (Kaltnadel, Sucre,
Aquatinta auf Zinkplatte)
Ed. 3/9
64 x 50 cm / 105 x 75 cm
Bündner Kunstmuseum, Chur

Abb. 84
Hiob (Savogniner-Blätter – Portraits I–V)
1990
Radierung auf BFK-Rives (Kaltnadel, Sucre,
Aquatinta auf Zinkplatte)
Ed. 3/9
64 x 50 cm / 105 x 75 cm
Bündner Kunstmuseum, Chur

Abb. 85
Inanna (Savogniner-Blätter – Portraits I–V)
1990
Radierung auf BFK-Rives (Kaltnadel, Sucre,
Aquatinta auf Zinkplatte)
Ed. 3/9
64 x 50 cm / 105 x 75 cm
Bündner Kunstmuseum, Chur

Abb. 86
Inanna
1990
Radierung auf BFK-Rives (Kaltnadel, Sucre,
Aquatinta auf Zinkplatte)
Zustandsdruck
68 x 50 cm / 90,5 x 62,5 cm

Abb. 87
Inanna (Detail)
[siehe Abb. 85]

Abb. 88
Ohne Titel (Paris – Métro)
1992/1993
Lithografie auf BFK-Rives
Künstlerexemplar Ed. III/IV
24 x 20 cm / 34 x 28 cm

Abb. 89
Ohne Titel (Paris – Métro)
1992/1993
Lithografie auf BFK-Rives
Künstlerexemplar Ed. II/III
24 x 20 cm / 34 x 28 cm

Abb. 90
Ohne Titel (Paris – Métro)
1992/1993
Lithografie auf BFK-Rives
Ed. 6/10
24 x 20 cm / 34 x 28 cm

Abb. 91
Ohne Titel (Passages souterraines)
1998
Lithografie auf BFK-Rives
Andruck
26,5 x 24 cm / 34 x 28 cm

Abb. 92
Ohne Titel (Passages souterraines)
1998
Lithografie, teilweise Schabtechnik auf
BFK-Rives
Andruck
26,5 x 24 cm / 34 x 28 cm

Abb. 93
Ohne Titel
1992
Lithokreide, weisse Deckfarbe auf Papier
24,5 x 20,5 cm

Abb. 94
Nachtwald
29.9.1994
Kohle, Chinatusche auf Papier
60 x 80 cm

Abb. 95
Winterwald
15./17.8.1994
Aussprengtechnik mit Kohle und Chinatusche
auf Papier
75,5 x 57 cm

Abb. 96
Nebellandschaft
17.10.1993
Aussprengtechnik mit Kohle und Chinatusche
auf Papier
37,5 x 57 cm

Abb. 97
Wolken
1997
Aussprengtechnik mit Kohle und Chinatusche
auf Chinapapier
34,5 x 34,5 cm

Abb. 98
Wolken
1997
Aussprengtechnik mit Kohle und Chinatusche
auf Chinapapier
34,5 x 34,5 cm

Abb. 99
Steinlandschaft III
3.9.2001
Radierung auf Papier (Kaltnadel)
Zustandsdruck
23,5 x 32 cm / 44,5 x 55 cm

Biografie

Mathias Balzer

1932 geboren in Schmitten/Albulatal. Besuch des Bündner Lehrerseminar in Chur von 1948–1952. 1954–1958 Ausbildung zum Zeichenlehrer an der kunstgewerblichen Abteilung der Allgemeinen Gewerbeschule in Basel.
1958–1963 Zeichenlehrer am Knabengymnasium in Basel und verschiedene Weiterbildungskurse an der Allgemeinen Gewerbeschule Basel. 1963 Rückkehr nach Chur und bis 1979 Zeichenlehrer an der Kantonsschule Chur.
Seit 1980 freischaffender Künstler. Auslandsaufenthalte in Düsseldorf (November bis Dezember 1979), in Rom am Istituto Svizzero di Roma (Juli 1979, Februar 1980, Juni 1982 und Juli 1985), in Paris im Atelier der Cité Internationale des Arts (März bis November 1991 und August bis September 1995) und im Künstleraustausch Berlin-Graubünden in Berlin-Treptow-Köpenik (Juli bis September 2003).
1982 erhält Balzer den Anerkennungspreis des Kantons Graubünden. Mathias Balzer ist seit 1962 mit Marietta Balzer-Caspar verheiratet und lebt und arbeitet seit 1967 in Haldenstein (GR) und auf der Schmittner Alp.

Einzelausstellungen

1968	Modehaus Foppa, Chur
1969	Kleine Galerie zur Kirchgasse, Chur
1974	Galerie zur Kupfergasse, Chur
1979	Galerie zur Kupfergasse, Chur
1982	Galerie-Provisorium im Jugend- und Kulturzentrum, Chur
1984	Galerie Aquasana, Chur
	Galeria Tircal, Domat/Ems
1986	Bünder Kunstmuseum, «Eine Archäolgie der Dinge», Chur
1987	Galleria Peccolo, Livorno/I
	Studio 10, Chur
1990	Sala Segantini, Savognin
1991	Sala Segantini, «Portraits 1–5», Savognin
	Galerie Priska Meier, Zell
1992	Bündner Kunstmuseum, «Clair-Obscur», Ausstellungsreihe der GSMBA, Sektion Graubünden, Chur
1993	Schloss Haldenstein, «Métro», Haldenstein
1995	Atelierausstellung zur Eröffnung des neuen Ateliers, Haldenstein
1997	Galeria Tircal, Domat/Ems
1998	Galaria Via Fravi 2, Domat/Ems
2000	Klibühni, «Berg-Bergwald», Chur
2003	Retrospektive im Bündner Kunstmuseum, Chur

Gruppenausstellungen

1974	Zonnehof, «GSMBA-Gruppenausstellung», Amersfoort/NL
1977	Gemeindehaus Schwanden, Ausstellung Bündner Maler, Schwanden
	Bündner Kunstmuseum, «GSMBA Sektion Graubünden», Chur
1978	Wanderausstellung Multiples und Druckgrafik, Bern und Biel
1979	Galerie Kupfergasse, «Bündner Künstler der Galerie», Chur
1980	Galerie Vontobel, «Weiterzeichnen-Fortmalen», Feldmeilen
1982	Bündner Kunstmuseum, «GSMBA-Graubünden. Standort 82», Chur
	Sala Segantini, «Kollektivausstellung von Bündner Künstlern», Savognin
1983	Galerie Jörg Stummer, «Die Bündner Freunde», Zürich
	Graphische Sammlung der Eidgenössischen Technischen Hochschule, «Neuerwerbungen», Zürich
	Arge Alp-Künstlersymposium, Lochau/Bregenz/AT
1984	Waaghaus, «Bündner Künstler: Zeichnungen und Druckgrafik», St. Gallen
1985	Studio 10, «10 Jahre Studio 10», Chur
	Kunstmuseum Olten, «5. Biennale Schweizer Kunst», Olten
	«OLMA 85 – 11 Bündner an der Olma», St. Gallen
1986	Schloss Haldenstein, IN SITU-Projekt, «Dialog mit einem Raum», Haldenstein

Bibliografie

Ausgewählte Literatur zu Mathias Balzer

1987	Galleria Peccolo, «Posizioni selvagge», Livorno/I
1989	Galerie Jörg Stummer, «Im Schatten des Silberstreifens», Zürich
	Kulturzentrum, «Elisabeth Arpagaus und Mathias Balzer», Scuol-Nairs
	Galerie Mesmer, «Mathias Balzer und Annamaria Gioja», Basel
	Kongresszentrum, «Weihnachtsausstellung der Kunstgesellschaft Davos», Davos
1991	Stadttheater, «Mathias Balzer und Georg Tanno: Arbeiten zu Georg Büchner», Chur
	Sala Segantini, «Künstler aus Surmeir», Savognin
	Puls Art, «Mathias Balzer und Flurin Bischof», Winterthur
1992	Bündner Kunstmuseum, Chur
	Galerie NOVA, «Standpunkt Mensch», Pontresina
1995	Studio 10, «Jubiläumsausstellung 20 Jahre Studio 10», Chur
2000	Maison des Artistes, «Contrecourant. 8 artistes du Canton des Grisons», Charenton-le-Pont, Paris/F
2002	Galerie Wengihof, «Giri Schmed und Mathias Balzer», Zürich
	Schloss Haldenstein, «Original-Grafikausstellung der Lithographie- und Radierwerkstatt», Haldenstein
2002/03	Tangente Eschen, Kunstraum Engländerbau, «Höhenrausch und Fernsicht. Wettbewerb und Ausstellung zum Internationalen Jahr der Berge 2002», Vaduz/Feldkirch

Gerber Christian, Mathias Balzer. Der Zeichner und Radierer, in: Bündner Jahrbuch, Chur 1978, S. 10–14

Mathias Balzer, in: Schweizer Kunst. Zeitschrift für Schweizerische Maler, Bildhauer und Architekten GSMBA, Nr. 50, 1978, S. 5

Eugster Cornelia, Mathias Balzer. Bündnerkünstler, Maler, Zeichner, Radierer, Seminararbeit am Lehrerseminar Chur, Chur 1981

Fritsch Gerolf, Die Dinge, die uns angehen. Konfiguration und Wunschproduktion am Beispiel Mathias Balzers, in: Kunstnachrichten. Zeitschrift für internationale Kunst, Nr. 17/1, Zürich 1981, S. 3–12

Standort 1982/Teil I, Faltblatt zur Ausstellung der GSMBA-Graubünden im Bündner Kunstmuseum (mit einem Text des Künstlers), Chur, 1982

Haldner Bruno, Mathias Balzer, in: Kunstkalender der Gasser AG, Kunstmappe mit 36 Blätter von sechs Künstlern der GSMBA-Graubünden, 1982

DIALOG, Ausst. Kat. zur Ausstellung auf dem Schloss Haldenstein anlässlich des Haldensteiner Herbstes (Situation 2) der IN-SITU Kulturwerkstatt Chur, 19. Sept. bis 15. Okt. 1986 (mit einem Text des Künstlers), Chur 1986 (ohne Paginierung)

Höfliger Yvonne, Zur didaktischen Präsentation einer Graphikmappe und ihren Zustandsdrucken, Begleittext zur Ausstellung «Eine Archäologie der Dinge», Bündner Kunstmuseum, Chur 1986

Mathias Balzer (1932), in: Ausst. Kat. 5. Biennale der Schweizer Kunst, Olten 1986, S. 23

Höfliger Yvonne, Mathias Balzer: Dialog mit einem Raum, in: IN SITU-Kulturwerkstatt Chur (Hrsg.), Mathias Balzer. Dialog mit einem Raum, IN SITU-Heft 2, Chur 1987 (ohne Paginierung)

Mathias Balzer, in: Lexikon der zeitgenössischen Schweizer Künstler, Frauenfeld/Stuttgart 1981, S. 21

Stiftung Bündner Kunstsammlung Chur, Schweizerisches Institut für Kunstwissenschaft Zürich (Hrsg.), Sammlungskatalog Bündner Kunstmuseum, Chur. Gemälde und Skulpturen, Kataloge Schweizer Museen und Sammlungen, Bd. 12, Zürich 1989, S. 273

Mathias Balzer, in: Andreas Meuli, Bilder einer Sammlung. 101 Werke aus dem Bündner Kunstmuseum, Chur 1989, S. 58

Gerber Christian, Portraits 1–5, Begleittext zur Grafikmappe «Portraits 1–5», Chur 1990

Mathias Balzer, in: Künstlerverzeichnis der Schweiz 1980–1990, Schweizerisches Institut für Kunstwissenschaft, Frauenfeld 1991, S. 41

Frank Wolfram, Die Sitzenden, Die Stehenden, Begleittext zur Lithografiemappe «Métro», Chur 1992

Stutzer Beat, Rede zur Eröffnung der Ausstellung: Mathias Balzer – Clair-Obscur, Bündner Kunstmuseum, Chur, 31. Januar 1992

Stutzer Beat, Übergänge. Kunst aus Graubünden 1936–1996, Chur 1996, S. 39

Klausner Claudia, «Auf der Suche nach der einfachen Wahrheit». Wege der Innerlichkeit auf der Suche nach der eigenen Identität im Werk von Mathias Balzer«, Lizentiatsarbeit an der Universität Basel, Basel 1998

Leza Dosch, Kunst und Landschaft in Graubünden. Bilder und Bauten seit 1780, hrsg. vom Verein für Bündner Kulturforschung und von der Gesellschaft für Schweizerische Kunstgeschichte, Zürich 2002

Tangente Eschen (Hrsg.), Ausst. Kat. zu Höhenrausch und Fernsicht. Künstlerischer Wettbewerb und Ausstellung, Vaduz 2002, S. 30f.

Christian Gerber, Mathias Balzer und sein Bild vom Menschen. Zu seinem siebzigsten Geburtstag, in: Bündner Jahrbuch, Nr. 44, Chur 2002, S. 31–38

Christian Gerber, Mathias Balzer – zum 70. des Malers und Künstlers, in: Haldensteiner Bote, Haldenstein 2002, S. 17

Texte von Mathias Balzer

Grundsätzliche Überlegungen über Sinn, Zweck, Ziel und erzieherische Funktion des Kunstunterrichtes, in: Schweizerische Lehrerzeitung. Organ des Schweizerischen Lehrervereins, Sondernummer Zeichnen und Gestalten, Zürich 1970

Anmerkung zur Kulturinitative, in: IN-SITU. Heft 1. Haldensteiner Herbst. Situation 1–5, Sept./Okt 86, Chur 1986 (ohne Paginierung)

Über den Aufenthalt im Bündner Atelier in der Cité Internationale des Arts in Paris vom 25. März 28. Oktober 1991, Informationsblatt zur Ausstellung im Bündner Kunstmuseum, Chur, 1. bis 27. Februar 1992, Chur 1992

Unpublizierte Quellen (Privatarchiv des Künstlers)

Arbeitshefte:
Notizen zu Dantes Höllenvisionen, 1981, 1982
Dante (Divina Comedia), 1981, 1982 (und 1986)
Inferno: Gewalt – Ohnmacht, 1982–1984
Freiheit, Macht, Intoleranz, Rassismus, Gewalt-Ohnmacht, Hunger, Not, Armut, Elend
Krankheit, Tod, 1983, 1985, 1986
Gewalt, 1984
Macht und Ohmacht, Bedrohung, Freiheit-Unfreiheit, Armut, Hungertod, 1986, 1987
Natur und Kosmos, Ökologie, Kultur, 1986, 1987
Kunst und Natur, 1986, 1987
Notizen zum Thema Tod, 1986–1988
Naturrevolution, 1989, 1990
Ausstellung und Druckarbeit mit der Radierpresse von Gottardo Segantini, Sommer und Herbst 1990

Skizzenbücher:
Skizzen etruskischer Kunst, 1986–1987
Skizzen zu «Memento homo» und «Der Berg, wo Tod und Leben sich berühren», 1986–1989
Skizzen phönizischer, assyrischer und afrikanischer Kunst in Paris, Juni bis Oktober 1991

Tagebücher:
Tagebuch mit Aufzeichnungen, Rom 1979–1985
«De jour en jour. Dessins au stylo à bille et copies au papier carbon bleu», Tagebuch mit Aufzeichnungen und Skizzen, 2 Bde., Paris 1991

Zitierte Sekundärliteratur

Lexika:
Cancik Hubert, Schneider Helmuth, Landfester Manfred (Hrsg.), Der Neue Pauly. Enzyklopädie der Antike. Altertum, Bd. 1–12, Stuttgart 1996–1998

Historisches Wörterbuch der Philosophie, 9 Bde., Basel/Stuttgart 1971–1995

Lexicon iconographicum mythologiae classicae (LIMC), 8 Bde. und Suppl., Zürich/München 1981–1995

Monografien und Artikel:
Alighieri Dante, Die Göttliche Komödie, aus dem Italienischen von Karl Vossler, Luzern (ohne Jahresangabe)

Ariés Philippe, Geschichte des Todes, München ^{8}1997

Böhme Gernot, Natürlich Natur. Über Natur im Zeitalter ihrer technischen Reproduzierbarkeit, Frankfurt a. M. 1992

Caminada Christian, Die verzauberten Täler. Die urgeschichtlichen Kulte und Bräuche im Alten Rätien, Olten/Freiburg B. 1961

Dux Günter, Liebe und Tod im Gilgamesch. Geschichte als Weg zum Selbstbewusstsein des Menschen, Wien 1992

Eliade Mircea, Die Religionen und das Heilige. Elemente der Religionsgeschichte, Frankfurt a. M. ^{3}1994

Evans-Wentz Walter Y. (Hrsg.), Das tibetanische Totenbuch oder die Nachtod-Erfahrungen auf der Bardo-Stufe, nach der engl. Fassung des Lama Kazi Dawa Samdup, übersetzt von Louise Göpfert-March, mit einem Geleitwort und einem psychologischem Kommentar von C. G. Jung und einer Abhandlung von John Woodroffe, Olten/Freiburg B. ^{9}1986

Harrison Robert P., Wälder. Ursprung und Spiegel der Kultur, München/Wien 1992

Herzog Edgar, Psyche und Tod. Wandlungen des Todesbildes im Mythos und in den Träumen heutiger Menschen, Studien aus dem C.-G.-Jung-Institut Zürich, Nr. 11, Zürich/Stuttgart 1960

Jacobi Jolande, Die Psycholgie von C.G. Jung. Eine Einführung in das Gesamtwerk mit einem Geleitwort von C.G. Jung, Frankfurt a. M. ^{2}1998

Jaffé Aniela (Hrsg.), Erinnerungen, Träume, Gedanken von C.G. Jung, Solothurn/Düsseldorf ^{9}1995

Jaspers Karl, Philosophie II. Existenzerhellung, München/Zürich 1994 (1. Aufl. 1919)

Jung Carl Gustav, Aion. Untersuchungen zur Symbolgeschichte, Psychologische Abhandlungen, Bd. 8, Zürich 1951

ders., Theoretische Überlegungen zum Wesen des Psychischen, in: Dynamik des Unbewussten, Gesammelte Werke, Bd. 8, Zürich/Stuttgart 1967, S. 185–261 ders., Über die Archetypen des Kollektiven Unbewussten (1933), Gesammelte Werke Bd. 9/1, Olten/Freiburg B. 1976

ders., Die Beziehungen zwischen dem Ich und dem Unbewussten, in: Zwei Analytische Schriften zur Psychologie, Gesammelte Werke, Bd. 7, Olten/Freiburg B. ⁴1989, S. 129–247

ders., Definitionen, s.v. Unbewusste in: Psychologische Typen, Gesammelte Werke Bd. 6/2, Solothurn/Düsseldorf ¹⁷1994, S. 517–520

ders., / Richard Wilhelm (Hrsg.), Das Geheimnis der Goldenen Blüte. Ein chinesisches Lesebuch, mit einem europäischen Kommentar von C.G. Jung, Olten/Freiburg B. ³1971

Kirchhoff Hermann, Urbilder des Glaubens. Haus-Garten-Labyrinth-Höhle, München 1988

Kreis Rudolf, Dichtung und Umwelt. Von Gilgamesch bis zu den «Physikern». Das Sprachkunstwerk zwischen Erde, Leib und Geist, Frankfurt a. M. 1989

Lang Walther K., Der Tod und das Bild. Todesevokationen in der zeitgenössischen Kunst. 1975–1990, Berlin 1995

Leisegang Hans, Die Anthropologie in Dantes Divina Commedia, in: Deutsches Dante-Jahrbuch, Nr. 27, Köln 1948, S. 16–42

Loos Erich, Der logische Aufbau der «Commedia» und die Ordo-Vorstellung Dantes, in: Abhandlungen der Akademie der Wissenschaften und der Literatur. Geistes- und Sozialwissenschaftliche Klasse, Nr. 2, München 1984, S. 3–26

Moody Raymond A., Leben nach dem Tod, Hamburg 1977 (Originaltext: Life after Life, 1975)

Otto Rudolf, Das Heilige. Über das Irrationale in der Idee des Göttlichen und sein Verhältnis zum Rationalen, München 1971

Schäfer Lothar, Die menschliche Geschichte mit der Natur am Scheideweg, in: Hans-Ludwig Ollig (Hrsg.), Philosophie als Zeitdiagnose. Ansätze der deutschen Gegenwartsphilosophie, Darmstadt 1991, S. 110–120

Schmied Gerhard, Sterben und Trauern in der modernen Gesellschaft, Opladen 1985

Schmökel Hartmut, Das Land Sumer. Die Wiederentdeckung der ersten Hochkultur der Menschheit, Stuttgart ³1955

Schweizer-Vüllers Andreas, Gilgamesch. Von der Bewusstwerdung des Mannes. Eine religionspsychologische Deutung, Diss. phil. der Universität Zürich, Zürich 1991

Stolz Fritz, Der mythische Umgang mit der Rationalität und der rationale Umgang mit dem Mythos, in: Hans Heinrich Schmied (Hrsg.), Mythos und Rationalität, Gütersloh 1988, S. 81–106

von Soden Wolfram (Hrsg.), Das Gilgamesch-Epos, Stuttgart 1988

von Franz Marie-Louise, Traum und Tod. Was uns die Träume Sterbender sagen, München 1984